동양의 명장

차례
Contents

일러두기 · 이 책에 표기된 연도 중 기원전이 아닌 것은 편의상 '서기'를 생략했습니다.

병법의 아버지 손무

안보는 국가의 가장 큰 일이다.
국가의 흥망이 걸려 있고 백성의 생사가 달린 문제다.
그러므로 무엇보다 먼저 살펴야 한다.
-손무

손무(孫武)는 중국 춘추시대(春秋時代) 말인 기원전 6세기경에 살았던 장군이다. 그는 오(吳)나라 왕 합려(闔閭)에게 발탁되어 오나라의 중흥에 앞장섰다. 그리고 불후의 명저 『손자병법(孫子兵法)』을 썼다.

『손자병법』은 중국의 도가(道家), 유가(儒家), 병가(兵家)로 구분되는 3대 철학 조류에서 병가를 대표하는 저술이다. 『손자병법』은 동서고금의 병서 중 가장 오래된 책 가운데 하나로서 오늘날에도 세계에서 가장 명성 높고 영향력 있는 병서로 평가받고 있다. 이처럼 『손자병법』이 지금까지 여전히 유효하고 영향을 미치며 수많은 연구가와 독자의 주목을 받고 있다는 점에서, 손무는 병법의 아버지라고 할 수 있다.

손무, 그는 누구인가?

손무는 군인으로만 간단하게 치부할 인물이 아니다. 그는 그저 전쟁과 병술에만 능한 군인이 아니었다. 그는 인간의 생명을 담보로 치르는 가장 치열하고 극단적인 표현인 전쟁을 통해 세상을 통찰한 철학자였다. 또한 전쟁이 정치와 경제, 그리고 사회의 모든 현상에 어떤 영향을 미치는가를 숙고하고 이를 전쟁 이론에 융합시킨 사회학자이기도 했다.

손무는 손자(孫子)로 부른다. 손자는 손이라는 성에 존칭인 자를 붙인 것이다. 손 선생님 정도로 이해하면 될 것이다. 유학의 창시자 공구(孔丘)를 존칭으로 공자(孔子)라 부르는 것과 같다. 이것은 결국 손무가 병학 분야에서 존경받는 인물이라는 의미가 되는 것이다(이후부터는 손자로 부르겠다). 공자가 사람됨의 근본과 수신, 제가, 치국의 도를 다루는 문의 세계의 아버지라면 손자는 백성의 생사와 국가의 존망을 다루는 무의 세계의 아버지다.

손자가 언제 태어났다 언제 죽었는지는 불분명하다. 다만 제(齊)나라 낙안(樂安) 출신이며, 대략 기원전 6세기경 공자

(기원전 551~479)와 비슷한 시대에 살았던 것으로 추정된다. 제나라가 내란에 휩싸이자 오나라로 넘어갔고, 오자서(伍子胥)의 추천으로 오왕 합려에게 발탁되어 공을 세웠다는 것이 전부다.

그는 오왕 합려 휘하의 장군으로서 업적보다 지금까지 전해지는 13편의 병법서로 역사에 더 널리 기록되고 있다. 그의『손자병법』은 오늘날에도 전하는 가장 유명하고 가치 있는 병법서다. 이『손자병법』으로 손자 역시 여전히 우리 곁에 살아 숨 쉬고 있다.

전국시대 '대중군'의 논리를 제공하다

손자가 살았던 시기는 춘추시대 말기에 해당한다. 이때는 주 왕조에 대한 제후들의 충성심이 점차 사라지는 시기였다. 예의보다 힘이 중시되는 풍조가 도래하는 시기, 이른바 전국시대(戰國時代)로 들어가는 시기였다.

춘추시대를 접고 전국시대를 연 패권국이 바로 오나라였다. 중국의 역사는 북방 지역인 황허(黃河) 일대, 즉 중원(中原)이라고 부르는 지역에서 시작되어 그 강역을 중원을 중심으로 남북으로 확장시키는 과정이었다. 이 과정의 하나로 양쯔 강(揚子江)을 중심으로 한 오나라의 등장과 오나라와 월(越)나라의 패권 경쟁은 중국의 강역을 남쪽으로 확장시키는 역할을 했다.

춘추시대의 군대는 기병으로 이루어진 엘리트 군대였다. 춘추시대에는 '제후(諸侯)·경(卿)·대부(大夫)·사(士)·민(民)' 중 '사' 이상의 신분을 가진 자만이 군인으로 복무할 수 있었다. 그중 장군은 경·대부 중에서 군주가 임명했다. 군대 주력은 말 4마리가 끄는 전차였다. 춘추시대 초기 진(晉)나라가 초(楚)나라를 제압하여 패자의 지위를 확보한 성복 전투(城濮戰鬪: 기원전 632), 진나라가 노(魯)나라·위(衛)나라와 연합하여 제나라를 공격한 안의 전투 같은 경우, 전장에 투입된 전차가 700승(乘)에서 800승이었고 병사 수가 2만여 명이었다. 춘추시대 후반기까지 각 나라가 보유한 군대는 대략 4만 명에서 커봐야 10만 명 내외였다.

이런 군대다 보니 전쟁은 대형을 갖춘 양 진영의 군대가 평원에서 맞붙는 형태를 취했다. 즉 전투는 전차가 전개할 수 있는 평지에서만 이루어졌다. 일단 피아가 전쟁을 할 의사가 있어야 실제로 전쟁이 일어났다. 여기에 나름대로 서로 지켜야 하는 격식이 있었다. 먼저 청전(請戰)을 하고 상대가 준비된 상태에서 치전(致戰)을 했다. 개인 간 결투가 집단 간 싸움으로 확장된 모습을 보인 것이다. 전투 결과 한편이 무너져 물러나면 전투가 종료되었다. 전투를 확대하는 추격이나 잔혹한 학살 행위는 일어나지 않았다.

전쟁은 1회의 전투로 끝나는 경우가 대부분이었다. 늙은 병사는 포로로 잡지 않고 풀어주기까지 했다. 전쟁의 결과는 승리든 패배든 치명적인 영향을 미치지 못했다. 백성의 처지에서 보면 그들만의 전쟁이었다.

춘추시대 군대는 그리스 시대의 중장보병의 정방형(正方形) 대형인 팔랑크스(Phalanx)와 유사한 군사 조직을 가졌다. 다만 그리스의 팔랑크스가 중무장한 보병의 방진대형인 데 반해 춘추시대 군대는 4마리 말이 끄는 전차의 방진대형이었다.

오나라는 패권 국가로 발돋움하면서 춘추시대의 전통적인 방식의 군대를 바꾸었다. 기병 중심의 엘리트 군대를 보병 중심의 대중군(大衆軍 : mass army)으로 바꾼 것이다.

춘추시대 황허 일대, 이른바 중원의 여러 나라들에 비하면 오나라는 월나라와 함께 남쪽의 오랑캐였다. 오나라는 합려 때 강성했는데 그것은 바로 보병 중심의 대규모 군대를 가졌기 때문이었다.

이웃 나라들은 사 이상의 신분을 가져야 군인이 될 수 있었다. 그러나 오나라에서는 이런 신분 제약이 없어서 일반 백성이 군인으로 복무할 수 있었다. 이런 병력 충원 제도는 전 인구 대비 병력 동원 수를 획기적으로 증가시킬 수 있었다. 여기에는 지형적인 영향도 있었다. 양쯔 강 일대는 늪지대가 많아 전차 운영에 제한이 많았다. 지형상 보병이 유리했다.

『손자병법』은 이처럼 춘추시대 말기 전쟁이 확대되는 시기의 상황을 반영했다. 전쟁은 약육강식의 세상에서 가장 중요한 국가 생존의 수단이었다. 전쟁은 그들만의 것이 아니라 모든 백성들의 것이 되어갔던 것이다.

안보는 국가의 가장 큰 일이다

『손자병법』은 13편 6,704자로 구성된 병서다. 국가 차원의 전략 문제부터 전술 문제까지 포괄적으로 다루고 있다. 13편 구성은 「시계(始計)」 「작전(作戰)」 「모공(謀攻)」 「군형(軍形)」 「병세(兵勢)」 「허실(虛實)」 「군쟁(軍爭)」 「구변(九變)」 「행군(行軍)」 「지형(地形)」 「구지(九地)」 「화공(火攻)」 「용간(用間)」이다.

『손자병법』의 핵심 주제를 하나로 요약하라면 스테이트크래프트(statecraft) 즉 국가 경략의 핵심은 '병(兵)'이라는 것이다. 춘추시대 말에서 전국시대로 넘어가는 시점에서 볼 때

손자는, 국가의 가장 큰 가치가 예의나 격식이나 외교에 있
는 것이 아니라 양육강식의 냉엄한 현실에서 안보를 잘하는
것, "강병(強兵)"이라고 보았다. 이 생각은 예나 지금이나 그
대로 적확하게 맞는 말이다. 인류의 역사가 이를 입증하고
있다.

　안보는 국가의 가장 큰 일이다. 국가의 흥망이 걸려 있고 백
　성의 생사가 달린 문제다. 그러므로 무엇보다 먼저 살펴야 한
　다(兵者國之大事 存亡之道 死生之地 不可不察也).

『손자병법』「시계」편의 첫 문장인 이 말은 이 책의 주제
를 한 마디로 압축한다. 이 말이 왜 그렇게 대단한 것일까?
어째서 『손자병법』 주제의 압축일까? 그것은 병(안보)의 문
제가 어떤 경우에도 무시되거나 경시되어서는 안 되기 때문
이다. 국가 차원에서는 존망이 달린 문제고, 백성의 처지에
서는 생존이 달린 문제가 바로 병이다.

예로부터 국가를 경영할 때는 첫 번째가 부국이고 그다음
이 강병이었다. 결국 국민을 잘살게 하고, 이를 보장하기 위
해 강력한 국방 태세를 갖추어야 한다.

인류의 역사는 부국과 강병의 함수 관계를 웅변적으로 증
명하고 있다. 아테네는 엄청난 부와 민주주의를 향유했으나

강병책에 소홀하여 스파르타에 멸망했다. 로마의 쇠퇴는 군인들이 사치를 알면서부터 시작되었다. 네덜란드의 경제 패권은 강병이 뒷받침되지 않아 반짝 빛나는 것으로 끝났다.

그러므로 병의 문제는 단순히 군인의 문제가 아니라 국가 존립의 문제, 국가 존재 철학의 문제로 봐야 한다. 프랑스의 군사전략가 앙드레 보프르(André Beaufre) 장군은 1950년대 프랑스의 쇠락을 바라보며 생활양식의 문제, 철학의 부재라고 한탄했다. 당시 좌파 풍조 속에서 국가를 경시하고, 계급적·개인적 사고로 안보를 등한시하는 행태를 비난한 것이다.

손자는 「시계」 편을 여는 첫 문장을 통해 인류 역사를 관통하는 진리를 제시한 것이다. 안보·국방·강병의 문제가 국가가 존재하는 한 무엇보다 중요한 것이라고. 그리고 자신의 전술은 이에 대한 통찰이라고. 여러 나라가 예의·격식에 빠져 병을 흉사로 여기고 멀리하는데 어림없는 소리를 하고 있다고.

완벽한 승리가 아니라 온전한 승리를 추구하라

『손자병법』에서 손자가 이야기하려는 주제가 강병이라면 그 주제를 풀어가는 내용의 중심은 전쟁이다. 강병의 궁극적이고 근본적인 수단인 전쟁에서의 승리가 골자인 것이다.

여기서 손자는 승리를 하되 '온전한 승리'가 되어야 한다고 강조한다. 완전하게 섬멸하여 완벽하게 이기는 통상적인 승리가 아니라 "전승(全勝)"이 되어야 한다고 말이다. 여기서 전(全)은 전체를 온전하게 한다는 의미다.

이 전(全)은 손자 사상을 관통하는 핵심 개념이다. 이것은 마치 노자 사상을 말하라면 도(道)를 이야기하고 공자 사상을 말할 때는 인(仁)을 이야기하는 것과 같다.

무릇 용병술에서는 온전하게 적국을 점령하는 것이 상책이고 적국을 파괴하여 점령하는 것은 하책이다. 마찬가지로 적의 군(軍), 여(旅), 졸(卒), 오(伍)도 온전하게 항복을 받는 것이 상책이고 그들을 격파하여 항복을 받는 것은 하책이다(凡用兵之法, 全國為上破國次之, 全軍為上破軍次之, 全旅為上破旅次之, 全卒為上破卒次之, 全伍為上破伍次之).

손자는 춘추시대 말로 접어들면서 중원의 각 나라가 패권을 다투며 치열한 전쟁을 벌이는 것을 관찰했다. 그는 제후국 간 패권의 향배가 격변하는 상황에서 상대를 완전히 격파하는 것은 결과적으로 무의미하다는 점을 깨달았다. 승리를 하되 적국과 적군이 온전한 상태여야 비로소 그 승리가 부국에 기여한다는 사실을 인식한 것이다.

전쟁은 본질적으로 적을 속이는 것이다

손자는 먹고 먹히는 시대의 냉엄한 현실을 인식하고 전쟁을 바라보는 기존 시각을 180도 전환시켰다. 전쟁의 본질을 "궤도(詭道)", 다시 말해 속이는 것으로 본 것이다. 그는 전쟁은 도덕의 문제가 아니라 생존의 문제이므로 승리가 중요하고, 승리를 위해서는 사술도 마다하지 말아야 한다고 주장했다.

춘추시대를 움직였던 가치들인 인의예지신(仁義禮智信)은 전쟁에서는 접어야 한다는 것이다. 전쟁에서는 도덕과 예의 따위가 필요 없다. 이것은 송양지인(宋襄之仁)으로 대표되는 춘추시대의 전쟁관을 비웃고 완전히 부인하는 것이다.

전쟁은 속임수다. 적을 공격할 능력이 있지만 그렇지 않은 것처럼 보이고, 부대를 투입하지만 그러지 않는 것처럼 보이며, 가까이 접근했지만 멀리 있는 것처럼 보이며, 멀리 있지만 근접한 것처럼 보여야 한다(兵者, 詭道也. 故能而示之不能, 用而示之不用, 近而示之遠, 遠而示之近).

이전까지의 전쟁은 격식을 갖추고, 정정당당해야 하며, 비겁하지 말아야 했다. 싸움을 청하고 그에 응하면 서로 대형을 갖춘 다음 정면 대결을 했다. 전쟁은 단기간에 끝났다. 전쟁의 결과는 백성의 삶과 무관했다. 전쟁 이해 당사자인 그들만의 싸움이었다.

그러나 시대가 점점 변하면서 백성이 군대에 참여하고, 전쟁의 규모는 전국적이 되었다. 전쟁은 그대로 백성의 삶에 영향을 미쳤다. 전쟁의 결과는 국가의 존망과 백성의 생사에 그대로 영향을 미쳤다. 이런 상황을 통찰한 손자는 전쟁 결과에 국가 존망이 달려 있는데 무슨 예의며 무슨 양보냐고 한 것이다.

『손자병법』, 영구불변의 전략, 작전, 전술의 요체를 제시하다

최상의 전략은 전쟁 준비 역량을 갖추는 것이다

손자는 전쟁은 국가의 존망과 백성의 생사가 관련된 문제이므로 무엇보다 중요한 국가의 대사라고 했다. 따라서 출정 이전에 준비하는 것이 무엇보다 중요하다고 했다. 그 기준이 바로 "5사(五事)"와 "7계(七計)"다. 5사는 도(道)·천(天)·지(地)·장(將)·법(法)으로 전쟁 준비 전략 5요소라고 할 수 있다. 도는 백성의 의지, 지지다. 백성이 전쟁을 지지할 때 국가와 생사를 같이한다. 천은 천시(天時)다. 천시는 주로 기상에 관련된 것이다. 그러나 천시에는 주변국 정세까지 포함된다. 주변 정세가 군사를 일으키는 데 유리해야 한다는 것이다. 지는 지정학적 요소다. 전략 차원에서 전술 차원에 이르기까지 지형과 지리는 전쟁의 필수 고려 요소다. 장은 전쟁을 운용하는 장수의 자질에 관한 것이다. 장수를 고르고 사용하는 일은 전쟁 승패의 결정적 요소다. 법은 편성, 훈련, 군수에 관한 사항이다.

7계는 이런 기본 요소를 피아간에 비교하는 것이다. 손자의 말대로 "묘산(廟算)"을 하는 것이다. 클라우제비츠(Clausewitz)는 이를 준비 전략이라고 했다. 7계의 첫째는 도를 비교하는 것이다. 어느 쪽이 백성의 마음을 얻고 있느냐 하는 문제다[主孰有道]. 둘째는 어느 쪽 장수가 더 유능한가다[將孰有能]. 전쟁의 시작은 왕이 하지만 수행은 결국 장수의 몫이기 때문이다. 셋째는 천지를 비교하는 것이다. 천시와 지리는 어느 편이 유리한가를 비교한다[天地孰得]. 넷째는 어느 편이 더 법을 잘 지키는가를 비교하는 것이다[法令孰强]. 다섯째는 어느 쪽 병력이 많은가를 비교하는 것이다[兵衆孰强]. 여섯째는 어느 쪽이 훈련이 더 잘되어 있는가를 비교하는 것이다[士卒孰鍊]. 일곱째는 어느 쪽이 신상필벌을 더 잘하는가를 비교하는 것이다[賞罰孰明].

전쟁사를 돌아보면 손자의 '5사 7계'가 미흡하면 전쟁에서 필패한다는 것을 쉽게 발견할 수 있다. 제1·2차 세계대전 당시 독일은 작전에서 패한 것이 아니다. 전체 전쟁 역량에서 패배한 것이다. 5사 7계와 신중한 묘산의 실패였다. 한니발이 궁극적으로 패한 것도 결국은 로마와 카르타고 간 5사 7계의 차이였다.

최상의 작전은 적의 계획을 무력화시키는 것이다

손자는 전승을 위한 최상의 작전은 적의 계획을 무위로 돌리는 것이라고 했다. 군이 전쟁을 해야 한다면 적이 연합하는 것을 막는다. 부득이할 경우 전쟁을 해야 하는데 그때도 공성(攻城)을 피해야 한다고 했다. 손자는 전쟁의 본질이 의지의 대결이라고 본 것이다. 따라서 먼저 적의 계획을 무력화시키기 위해 노력하고, 부득이하게 전쟁을 하게 되는 경우는 최소의 전투로 이겨야 한다고 보았다.

상책의 용병은 적의 계획을 공격하는 것이며, 그 차선은 집중을 막는 것이고, 그다음은 군대를 공격하는 것이며, 그 아래는 성을 공격하는 것이다. 공성은 부득이한 경우에만 하는 것이다(上兵伐謀, 其次伐交, 其次伐兵, 其下攻城, 攻城之法 不得已).

전투는 역동적으로 적의 허점을 공격해야 한다

손자는 『손자병법』에서 전투 방식의 혁신을 주장했다. 격식을 갖춘 대형 중심의 전쟁 방식에서 벗어나 역동적인 작전을 해야 한다고 주장했다. 우선 1,000리를 기동할 수 있어야 한다. 적국으로 깊숙이 침투해야 한다. 이를 위해 대규모 군과 보급 지원 능력을 갖추어야 한다는 것이다.

손자가 지휘한 오나라 군대는 1,000리를 기동할 수 있었다. 사마천(司馬遷)의 『사기(史記)』 열전(列傳)에 손자와 오자서가 장군으로 임명되어 일거에 초나라 수도인 영(郢)을 공략하는 이야기가 나온다. 이때 오나라에서 영까지 편도 거리가 800킬로미터였다.

이런 작전의 핵심은 집중과 분산이다. 적의 약점과 간격을 찾아 물 흐르듯이 전력을 운용해야 한다. 마치 물이 지형의 높고 낮음과 틈새를 따라 집중하고 분산하며 흐르듯이 해야 한다는 것이다.

무릇 군대의 운용 모습은 물의 흐름과 같아야 한다. 물의 흘러가는 모습을 보면 높은 곳에서 낮은 곳으로 흐르는 것처럼 군대의 운용도 적의 강한 곳을 피하고 약한 곳을 공격해야 한다. 물이 지형에 따라 그 흐름을 만들어나가는 것처럼 군대는 적에 따라 그에 맞추어 승리를 구하는 것이다(夫兵形象水, 水之

形 避高而趨下, 兵之形避實而擊虛, 水因地而制流 兵因敵而制勝).

손자의 제자들

손자의 대표적인 제자들은 꼽으라면 조조(曹操)를 비롯하여 두목(杜牧), 장예(張預) 등 10명의 대가들이다. 이들의 주해를 집대성한 것이『손자십가주(孫子十家註)』다. 이들 중 손자의 가장 유명한 제자는『위무주손자(魏武註孫子)』의 저자 조조다. 오늘날의『손자병법』은 바로 조조의 손에 의해 만들어진『위무주손자』의 아류라 해도 과언이 아니다. 당시까지는 미미했던『손자병법』을 조조가 재생시키고 해석하여 전파한 것이라고 할 수 있다. 마치 클라우제비츠의 전쟁론이 몰트케(Moltke)에 의해 해석되어 널리 전파된 것과 같다.

당 태종(唐 太宗) 이세민(李世民)과 장군 이정(李靖)은 유명한 손자 마니아다. 당 태종과 이정 장군의 문답인『이위공문대(李衛公問對)』는『손자병법』에서 말한 정병(正兵)과 기병(奇兵)에 대한 심도 있는 논의와 강론으로 유명하다.

20세기 초 중국이 나아갈 방향을 두고 건곤일척의 대결을 벌인 마오쩌둥(毛澤東)과 장제스(蔣介石) 모두『손자병법』의 대가다. 특히 마오쩌둥의 지구전 전략은 그 뿌리가『손자병법』이다. 지구전 전략의 핵심은 민심 경쟁에서 이기는 것이다. 마오쩌둥은 "5사 7계" 전쟁에서 가장 중요한 요소가 민심을 얻는 것이라는 의미의 "도(道)"를 마음으로 받아들이고 혁명의 전 과정에 철저히 적용했다.

마오쩌둥의 지구전 전략을 대표하는 16자 전법(十六字戰法)은 손자의 14궤도(十四詭道)를 철저하게 응용한 것이다.

적이 전진하면 우리는 후퇴한다. 적이 야영을 하면 우리는 적을 교란한다. 적이 피로를 느끼면 우리는 공격한다. 적이 후퇴하면 우리는 추격한다(敵進我退, 敵駐我擾, 敵疲我打, 敵退我追).

제2차 세계대전 이후 미국은 군사 이론에서 유럽 국가들을 압도했다. 특히 군사 강국 독일의 군사 이론을 앞질렀다. 이 과정에서 미국은 독일의 작전술 이론을 계승·발전시킨다. 미국은 계승이라는 측면에서는 독일의 이론을 따랐다면, 발전이라는 측면에서 보면 『손자병법』의 영향이 컸다. 미국은 군사 교리를 발전시키는 가운데 다른 어떤 이론보다 손자의 『손자병법』을 즐겨 인용하고 있다. 고전적인 가치를 지닌 1997년 판 미해병대 교범 『MCDP 1-2 Campaigning』은 결론에서 『손자병법』의 한 구절을 인용하며 마무리한다.

Those who know when to fight and when not to fight are victorious. Those who discern when to use many or few troops are victorious. Those whose upper and lower ranks have the same desire are victorious. Those who face the unprepared with preparation are victorious(싸워야 할 때와 싸우지 말아야 할 때를 아는 자는 승리한다. 병력이 많고 적은 것을 활용할 줄 아는 자는 승리한다. 윗사람과 아랫사람이 함께하고자 하는 자는 승리한다. 준비한 채 준비되지 못한 적과 맞서는 자는 승리한다知可以與戰不可以與戰者勝, 識衆寡之用者勝, 上下同慾者勝, 以虞對不虞者勝).

손자의 수제자 조조

내가 천하를 배반할지언정,

천하가 날 배반하지는 못하게 할 것이다.

-조조

조조(曹操: 155~220)를 일컬어 '난세의 간웅(奸雄)'이라고 한다. 이 말은 후한(後漢) 말 관료로서 인물평에 능했던 허소 (許劭)가 조조를 가리켜 "치세의 능신, 난세의 간웅(治世之能臣, 亂世之奸雄)"이라고 한 데서 유래했다. 이것은 그를 도덕적으로 폄하하려는 촉한(蜀漢) 정통론자들의 의도와 한편으로 그를 그렇게만 평가할 수밖에 없었던 현실적인 무게감이 합쳐진 표현이다. 그는 장수면서 정치가였고 문학도였다. 문무를 겸했다. 위(魏)·촉(蜀)·오(吳) 삼국의 경쟁에서 최후 승자가 되었다. 비록 껍데기만 남은 한나라 황실이지만 끝까지 받드는 형식을 취하면서 위나라 왕으로 생을 마감했다.

조조는 세간의 비난을 받는 만큼이나 그 업적과 지적 능력이 재평가되어야 한다. 특히 군사 면에서는 『손자병법』을 정리하고 주해한 손자의 제자로, 손자의 이론을 실제로 적용한 실용적 전략가로 평가받아야 한다. 그는 『십가주손자』의 원조인 한편, 손자를 넘어 여러 병법들을 두루 익혔다. 손무의 손자는 이론이라면 조조의 손자는 이론과 실제를 합친 것이다.

중심을 장악하여 패자가 되다

조조는 155년 패국(沛國) 초현(譙縣: 지금의 안후이성安徽省 보저우亳州)에서 태어났다. 그의 아명은 아만(阿瞞)인데 만(瞞)과 조(操) 모두 '조작하다, 속이다'라는 뜻이 들어 있다. 이름대로 조조는 교묘한 간웅의 이미지로 잘 알려졌으며 실제로도 교묘한 인물이었다. 그는 살아생전 스스로 황제 자리에 오르지 않았다. 명목상 끝까지 한나라 신하를 자처하는 처세술을 보였으며 사후에야 무제(武帝)로 추증되었다.

조조의 원래 성씨는 하후씨(夏候氏)로 한나라를 세운 고조 유방(劉邦)의 건국공신 중 한 명인 하후영(夏侯嬰)의 자손이다. 그의 아버지 하후숭(夏侯嵩)은 환관 조등(曹騰)의 양자로 들어가 성씨를 조씨로 바꾸어 조숭(曹嵩)이 된 후 일찌감치 벼슬자리에 나아간다. 아버지와 양할아버지의 위세는 대단했다. 비록 환관 집안으로 세상 사람들에게 조소의 대상이었으나 그들이 가진 재물과 권력은 엄청났다. 이를 기반으로 삼아 조조는 초반부터 원소(袁紹)와 함께 화북(華北)에 큰 세력을 형성한 군웅이 될 수 있었다.

그는 처음부터 클라우제비츠가 말한 중심(重心)을 장악했다. 클라우제비츠가 말한 중심은 힘의 근원이다. 모든 전략과 작전의 성공은 중심을 보호하거나 중심을 이루는 데로 집중된다. 조조는 황제, 청주병(青州兵: 항복한 황건적 중 조조가 거두어들인 정예병), 둔전제(屯田制: 군량미 조달을 위해 군사 주둔 지역에서 토지를 경작하는 제도)를 통해 중심을 장악한 것이다. 반면에 손권(孫權)은 중원에서 멀리 떨어진 남쪽 변경 오월(吳越) 땅에서 이리저리 부대꼈다. 유비(劉備)는 변방 출신으로 맨손으로 출발해 다른 군주의 식객 역할을 하면서 천신만고를 겪으며 패자의 길을 도모했다.

불의를 참지 못하던 청년 조조

조조는 불의를 참지 못하는 열혈 청년이었다. 20세 초반

수도 북문의 경비대장인 낙양북부위(洛陽北部尉) 시절 이야기다. 당시 나는 새도 떨어트린다는 십상시(十常侍) 중 한 명인 건석(蹇碩)의 숙부를 처형한 일이 있었다. 건석의 숙부가 금지된 야간 외출을 하자, 형틀에 묶어 몽둥이로 때려죽인 것이다.

이로 인해 그는 환관들에게는 공공의 적이 된 반면 백성들에게 큰 인기를 얻는다. 기개 있고 의기 높은 유명인사가 된 것이다. 당시 이런 일을 하고도 벼슬은 물론이고 목숨마저 유지하기란 쉽지 않았다. 조조의 양할아버지와 아버지의 권세가 만만치 않았다는 것을 알 수 있다.

반동탁 연합에 참가하여 존재감을 높이다

조조가 30세 때인 184년 황건적(黃巾賊)의 난이 일어난다. 조조는 기도위(騎都尉)에 임명되어 영천(潁川) 등에서 황건적 토벌에 참가하여 공을 세운다. 그 후 한수(韓遂)와 변장(邊章)이 반란을 일으키자 수도 방위를 담당하는 전군교위(典軍校尉)로 임명된다. 이때 영제(靈帝)가 사망한다. 대장군 하진(何進)과 원소는 황제의 눈과 귀를 가린 채 무소불위의 권력을 휘두르던 환관 세력을 일소할 계획을 세운다. 그런데 계획이

사전에 탄로 나 하진은 오히려 환관들에게 살해된다. 환관들의 운명도 길지 않았다. 뒤에 도착한 동탁(董卓)이 모든 환관들을 살해하고 실권을 장악한다.

황실을 장악한 동탁의 횡포가 극에 달하자 반동탁 전선이 형성되었다. 조조는 189년 원소를 맹주로 하는 18제후 반동탁 연합군에 가담한다. 조조는 형양에서 동탁 군과 싸워 적장 서영의 부대를 물리치는 데 성공한다.

18제후의 공세에 위기를 느긴 동탁은 헌제(獻帝)를 데리고 장안(長安)으로 천도했다. 조조는 맹주 원소에게 퇴각하는 동탁을 추격하자고 했으나 거절당했다. 원소는 헌제를 폐위하고 유우(劉虞)를 새로운 황제로 추대하려 했다. 이 제안은 반동탁 진영을 분열·와해시키는 역할을 했고 반동탁 연합은 흐지부지 해산되었다. 이런 와중에 조조의 명망은 더욱 높아갔다.

황건적 토벌에 참가하여 청주병을 얻다

192년 청주(靑州)의 황건적 100만 명이 연주(兗州)를 침공해 왔다. 연주목이던 유대(劉岱)가 전사하자 조조가 연주목으로 추대되었다. 조조는 땅에 떨어진 군의 사기를 진작시키기 위해 직접 상벌을 확실히 하겠다고 밝히며 독려하고 퇴로에 기병(奇兵)을 운용하여 황건적을 대파했다.

조조는 항복한 청주의 황건적을 설득하여 자기 세력으로 영입했다. 그 가운데 최정예 병력을 선발해 '청주병'이라 불렀다. 황건적이던 백성 100만 가구와 병사 30만 명을 흡수한 것이다. 청주병은 조조가 삼국 경쟁에서 절대 우위를 차지하는 원천이 되었다. 이때부터 조조는 천하 제패의 야심을 드러낸다. 청주병은 조조의 절대 병기였다.

힘의 근원인 황제를 옹립하고 둔전제를 실시하다

196년 조조는 헌제를 옹립하고 대장군에 임명된다. 그리고 수도를 낙양에서 자기 근거지인 허창(許昌)으로 옮긴다. 조조는 최고 실권자가 되었다. 헌제는 꼭두각시에 불과했다. 조조는 언제든 황제의 자리에 앉을 수 있었다. 그러나 끝까지 신하의 자리를 지킨다. 그는 이름뿐이지만 한나라 황제가 가지는 명분에서 나오는 힘을 알고 있었다. 자신이 헌제를 버리는 순간 엄청난 저항에 부딪칠 것이고 그 역풍을 감당하기에는 아직 때가 아니라고 판단한 것이다. 조조는 끝까지 한 황실의 신하로 살면서 그 명분을 최대로 이용했다.

같은 해에 조조는 둔전제를 실시했다. 이를 통해 곡물 100만 석을 확보했다. 식량이 곧 전투력이 되는 당시에 식량을 안정적으로 공급할 수 있는 둔전제는 조조에게 결정적인 힘이 되었다.

관도대전 승리로 중원을 장악하다

이문열은 자신이 평역(評譯)한 『삼국지』에서 삼국의 세력을 다음과 같이 평가했다. 조조 세력 1,000여 만 호, 손권 세력 500여 만 호, 유비 세력 200여 만 호. 조조는 이처럼 압도적인 세력을 바탕으로 삼국 간 경쟁에서 최종 승리를 하는데 그 시작이 바로 관도대전(官渡大戰)이었다. 조조는 관도대전을 통해 화북(華北) 일대를 장악하여 가장 큰 세력이 되었다. 관도대전은 다윗과 골리앗의 싸움이었다. 조조는 영민한 전략으로 원소의 군대를 격파한다.

배경

황건적, 십상시, 동탁의 난은 한나라를 빈껍데기로 만들었다. 192년 동탁이 여포(呂布)에게 살해당한 때부터 200년 관도대전까지 10년 조금 못 미치는 동안 여러 군웅들이 이합

집산하는 가운데 조조와 원소가 양대 세력으로 중원에 등장한다.

양대 세력의 충돌은 불가피했다. 조조가 헌제를 낙양에서 근거지인 허창으로 데려가자 긴장은 더욱 높아갔다. 그러나 군사력 면에서 조조는 아직 원소와 비교가 되지 않았다. 조조는 1~2만 명 정도의 군사를 거느렸으나 원소는 10만 명의 군사를 동원할 수 있었다. 그러나 조조에게는 인재가 많았다. 순우(荀攸)·곽가(郭嘉) 등이 그들이다. 조조는 이런 인재들을 활용하여 병력의 열세를 극복하고 관도대전에서 승리한다.

원소는 수적 우세를 이용하여 조조를 세 방향에서 포위·섬멸하려 했다. 원소의 참모 전풍(田豐)이 본거지를 지키면서 조조의 후방을 교란하는 지구전을 펼친다면 3년 안에 승리할 수 있다고 건의했다. 그러나 원소는 이를 거부했다. 숫자만 믿고 단기 결전을 하기로 한 것이다. 패착의 시작이었다.

이에 맞서 조조는 원소 군을 분리 격파하는 전술을 택했다. 수에서 절대 열세인 상황이라 불가피한 선택이었다. 조조에게는 이 불리함을 만회하고 남을 유능한 참모들이 있었다.

백마 전투

관도대전의 서막은 백마 포위전으로 시작되었다. 200년

2월 원소가 먼저 공격했다. 근거지 업(鄴)에서 10만 대군을 동원하여 기습적으로 백마(白馬)의 조조 군 동군태수 유연(劉延)을 포위한 것이다. 수적 우세를 이용한 원소의 공격에 조조는 속수무책이었다.

이에 조조는 200년 4월 백마 전투에 나선다. 조조 군은 수에서 압도하는 원소 군을 상대하기 위해 분리·격파 전술을 택했다. 이른바 '성동격서(聲東擊西)'의 전술로 원소 군의 포위를 뚫으려 한 것이다. 이를 위해 양공(佯攻) 즉 거짓 공격을 실시했다. 원소의 후방인 연진(延津)을 공격하는 척한 것이다.

조조의 작전 구상은 그대로 적중했다. 조조 군이 연진을 거짓 공격하자 원소는 군사를 분리했다. 원소 군이 분리되자 조조는 장료(張遼)와 관우(關羽)를 선봉으로 삼아 안량(顔良)이 이끄는 원소 군을 공격하여 격파했다. 전황이 불리해진 원소 군은 백마의 포위를 풀었다. 이 틈에 조조는 백마의 군대와 백성들을 모두 철수시킨다. 이 전투에서 조조는 절대적인 병력의 열세를 전술의 우위로 적을 무력화시키고 승리한다. 동서고금의 명장들에게 공통된 능력을 발휘한 것이다.

그러나 조조의 승리 결과는 미미했다. 백마성 탈출에는 성공했으나 원소에게 백마, 연진에 이르는 주요 거점을 내주고 더 남쪽으로 밀리는 형세가 되었다. 조조는 기병 600명을 이끌고 황허를 따라 황급히 남서쪽으로 이동했다. 그러나 얼마 못 가서 5,000여 명에 달하는 원소의 추격군에 붙잡힐 위기에 처한다.

절체절명의 순간이었다. 이때 조조는 기책으로 위기를 넘긴다. 조조는 순유의 말을 듣고 군사들에게 말안장을 떼어서 말을 풀어놓고 장비들을 곳곳에 어지럽게 던져놓게 했다. 유인책을 사용한 것이다. 원소의 군대는 조조의 계책대로 길에 널려 있는 장비들을 서로 가지려고 다투느라 정신이 없었다. 이때 조조 군은 원소 군을 기습 공격하여 섬멸하고 적장 문추(文醜)를 사로잡았다. 위기를 기책으로 넘긴 것이다. 이것은 순유라는 인재와 그를 잘 활용한 조조의 안목이 가져다 준 결과였다.

관도 전투

백마 전투 이후 양군의 대치는 일시적으로 소강상태에 들어갔다. 원소의 참모들은 이번에도 지구전을 건의했으나 원소는 거절했다. 독불장군 성격의 원소는 직접 군을 움직여 양무(陽武)까지 진격했다.

성급한 원소는 단기 결전을 목표 삼아 동서로 수십 리에 걸쳐 진형을 전개하고 진군했다. 이에 조조도 방어진지를 구축하고 대응했다. 드디어 양군 간에 전투가 개시되었다. 정면 대결에서 승패는 불 보듯 뻔했다. 10여 배에 달하는 원소

군의 공격을 조조 군은 감당할 수 없었다. 병력이 열세한 조조 군은 초전에 패주하여 관도까지 밀려났고, 이제 성으로 들어가 지키는 수밖에 없었다.

전투는 지구전으로 변했다. 원소는 적극 공성전을 펼쳤다. 토산을 쌓거나 지하도를 파서 성벽을 무너트리려 했다. 망루를 만들어 토산에서 조조 진영 안으로 화살을 쏘기도 했다. 조조 군은 사력을 다해 옹성했다. 발석거(發石車)를 만들어 망루에 맞섰다.

이렇게 지구전이 되자 전황은 조조 군에 불리해지기 시작했다. 조조 진영의 식량은 갈수록 줄어갔다. 조조는 측근 순욱(荀彧)과 철수에 대해 상의했다. 그러나 순욱은 지금까지 잘하고 있으며 더 버티면서 뜻밖의 상황이 벌어지기를 기다려 기회를 노리면 승리할 수 있다고 조언했다.

오소 전투

순욱의 말대로 뜻밖의 기회가 찾아왔다. 원소 진영에 내분이 일어난 것이다. 적장 허유(許攸)가 개인 비리가 탄로 나자 조조 진영으로 귀순해 왔다. 귀순한 허유는 오소(烏巢)에 원소 군 식량기지가 있다고 알려줬다. 이에 조조는 즉시 보병과 경기병 5,000명을 직접 이끌고 기습해 격파하고 식량을 확보했다.

원소 군의 본격 패착은 여기서부터 시작되었다. 원소는 오소 주둔군이 설마 패했을 리 없다며 인정하지 않았다. 오히려 장합(張郃)과 고람(高覽)에게 병력을 증강시켜 조조의 본진을 공격하게 하고 순우경(淳于瓊)에게는 기병을 보내 지원했다.

하지만 정말로 오소가 격파당했다는 사실이 확인되자 원소 진영에서는 이 사태의 책임 소재를 두고 내분이 발생했다. 곽도와 장합, 고람, 저수 사이에 책임 공방이 일어난 것이다. 이 와중에 불만을 품은 장합이 반란을 일으켜 원소를 공격했다. 장합의 공격을 받은 원소는 겨우 800명의 기병만을 이끌고 갑옷도 입지 못한 채 급히 도망쳤다. 조조로서는 천재일우, 예상치 못한 기회를 포착한 셈이었다. 조조 군은 혼란에 빠진 원소 군을 공격해 몰살시켰다.

관도대전 이후

관도대전 이후 원소와 조조는 황허를 사이에 두고 1년간 대치했다. 관도에서 패전 이후 건강이 악화된 원소는 202년 5월에 죽고 말았다. 후계 다툼이 일어났다. 원상(袁尙)이 원소의 뒤를 이었으나 원담(袁譚)이 불복했다. 원담은 원래 형의 아들이었는데 양자로 입양하여 큰아들이 되었다. 그런데 원소가 자기 친아들 원상을 후계자로 삼자 반발한 것이다.

후계를 둘러싼 내분으로 원소 세력은 크게 동요했다. 조조는 원소 진영의 내분을 틈 타 203년 4월 대대적으로 군사를 일으켜 기주(冀州)를 공격했으나 원상에게 패하고 철수한다.

그러나 조조에게 또다시 하늘이 내리는 기회가 찾아왔다. 원담이 원상을 공격하여 원소 진영에 내란이 발생한 것이다. 이 기회를 이용하여 조조는 원담과 연합하여 원상을 공격해 격멸시켰다. 원소 정권은 완전히 붕괴했다. 이어서 조조는 원담과 싸워 승리하고 기주 일대를 평정했다.

이때가 205년 1월이었다. 200년에 시작하여 205년까지 이어진 조조 세력과 원소 세력의 대결은 조조의 완승으로 끝났다. 이로써 조조는 화북을 완전히 장악하고 최대 세력으로 떠올랐다. 이제 조조는 화북을 거점으로 천하를 제패하려는 꿈을 본격적으로 꾸기 시작했다.

평가

관도에서 거둔 조조의 인상적 승리는 역사가나 전략가에 의해 여러모로 분석되었다. 마오쩌둥은 전략적 후퇴에 관한 그의 저술에서 관도대전을 언급했다. 마오쩌둥은 관도대전에 대해 "양쪽 진영은 전력에서 차이가 났지만 약한 쪽이 먼저 일보 후퇴하여 강한 쪽을 지연 전술을 통해 꼼짝 못 하게 만든 뒤 이겼다"라고 했다. 마오쩌둥은 원소의 심각한 판단

착오들에 주목하면서, 약한 군대가 끈질기게 기다릴 수 있다면 강한 군대는 치명적 실수를 저지르고 만다는 점을 강조했다.

조조의 승리는 뛰어난 전략적 판단에서 나왔다. 특히 위치 선정에서 대단히 전략적이었다. 조조가 관도를 저항 거점으로 삼은 것은 지형 분석, 병참, 적과 맞서는 전술 사이의 관련성을 면밀히 분석하고 이해한 끝에 나온 선택이었다. 황허에 걸친 방어선을 포기한 것은 병참 문제 때문이었다. 조조는 원소를 남쪽으로 깊숙이 유인하여 원소가 보급선을 어쩔 수 없이 길게 늘어뜨리게 만들었고, 결국 원소의 불리한 병참 문제를 파고들어 결정적 승리를 거뒀다.

적벽대전에서 패하지만 중심을 보전하다

단숨에 천하를 통일하려던 조조의 야망은 적벽대전의 패배로 일단 좌절된다. 그러나 처음 병사를 일으켰을 때의 미미했던 세력에서 여기에 이를 때까지 조조의 전진은 기라성 같은 군웅 속에서 단연 돋보였다. 적벽대전까지 조조가 겪어온 주요 사건을 열거해보면 다음과 같다.

184년 황건적 토벌에 참가하다

190년 반동탁 연합군에 참가하다

192년 청주병을 손에 넣다

196년 헌제를 허창에서 옹립하고 둔전제를 실시하다

200년 관도대전에서 승리하다

202년 원소가 죽자 화북을 차지하다

208년 승상에 오르고 적벽대전에서 패하다

조조는 청주병을 손에 넣고 패업을 시작한다. 그런 다음 헌제를 자기 본거지인 허도(許都: 허창)로 데려간다. 그리고 마침내 관도대전 승리로 화북의 패권을 차지한다. 이로써 조조는 힘의 근원인 3개의 중심(황제, 청주병, 둔전제)을 장악했다. 이어서 이 중심을 바탕으로 오나라를 도모하려 했다. 조조는 업에 도착하여 군대를 조련한 뒤 형주(荊州)의 유표(劉表)를 공격하러 떠난다. 그런데 공교롭게도 조조가 진군하던 중인 208년 7월에 유표는 때맞춰 죽고 만다. 208년 9월 조조가 신야(新野)에 도착하자 유표의 아들 유종(劉琮)은 항복하고 유표에게 몸을 맡기고 있던 유비는 하구(夏口)로 달아나 손권과 동맹을 맺는다.

조조는 그대로 남하하여 적벽(赤壁)에서 손권·유비 연합군과 싸운다. 조조는 애초에 형주를 공격할 생각이었고 또

유표가 조조에게 상당히 적대적이었으므로 항복을 기대하지 않았다. 손권과 전쟁은 계획에 없던 일이었다. 조조는 생각보다 쉽게 형주를 점령하자 내친김에 손권마저 굴복시키자고 생각한 것이다.

적벽대전에서 조조 군은 먼 거리를 행군하여 지친 데다가 수전에 익숙하지 않았다. 이 전투는 조조가 직접 지휘하긴 했으나 수군을 지휘한 경험이 없었기 때문에 질 수밖에 없었다. 더군다나 상대한 주유(周瑜)와 유비는 뛰어난 전략가였다. 조조는 적벽에서 패한 후 형주를 지키려고 노력하지 않고 그대로 철수한다. 조조에게 형주는 변방이었다. 조조는 적벽대전 패배로 말미암은 후유증 때문에 내정에 전념하며 군사 행동을 중지한다.

적벽대전은 조조에게 중심이 실린 전투가 아니었다. 변방에서 일어난 수상 전투였다. 상실한 대부분의 병력은 수군이었다. 적벽대전은 전설이 되어 과장된 측면이 많다. 적벽대전은 조조의 천하 통일 의지를 꺾고 천하를 3분하여 지배하는 삼국 패권 경쟁 시대를 연 것은 분명하다. 그러나 조조는 중심을 고스란히 보전한다. 조조는 적벽대전 이후 10년 넘게 더 산다. 그동안 크고 작은 전투에서 승리하기도 하고 패배하기도 하다. 그러나 중심인 청주병, 황제, 둔전제를 통해 세력을 키워 궁극적으로 삼국의 패자가 된다.

『손자병법』을 되살리다

병법 측면에서 조조는 손자의 수제자다. 그는 『손자병법』을 부활시켰다. 이것은 마치 몰트케가 크라우제비츠의 전쟁론을 부활시킨 것과 같다. 조조는 여러 병법을 통독했다. 그러나 그중 최고로 『손자병법』을 들었다. 한마디로 "깊다[深]"라고 평가했다.

내가 병법서와 싸우는 계책을 많이 보았지만 손무가 지은 책만이 내용이 깊다. 『손자병법』의 내용은 살피고 헤아려서 신중하게 거사하고, 분명하게 계획하며, 깊이 도모하는 것이라서 그 해석이 헷갈릴 수 없다. 다만 세상 사람들이 아직 『손자병법』을 밝고 깊게 가르치고 말하지 않았을 뿐이다. 하물며 세상에서 글이 번거롭고 번지르르 하기만 하여 『손자병법』의 요지를 놓치므로 정선하여 요약하고 해석한 것이다(吾觀兵書戰策多矣, 孫武所著深已. 審計重擧, 明畵深圖, 不可相誣, 而但世人未之深亮訓說, 況文煩富行於世者, 失其旨要, 故撰爲略解焉).

그의 『손자병법』 주해는 십가주(十家注) 중 첫째다. 조조는 『손자병법』의 '부전승(不戰勝), 전승(全勝), 모공(謨攻), 궤도(詭道)' 같은 개념들을 장군이면서 통치자로 유감없이 실천했다. 조조는 신중론자다. 그는 전쟁은 중요하다고 말한다. 그러나 전쟁은 부득이할 때 해야 한다고 했다. 또한 통치자는 문과 무를 겸비해야 한다면서 문무의 균형 감각이 중요함을 강조했다.

『손자병법』의 사상은 신중에 신중을 기하여 전쟁을 시작하되, 일단 전쟁을 시작하면 결전을 피하지 말고, 모공을 통해 부전승, 전승을 해야 한다는 것이다. 손자의 이런 사상이 평생을 피비린내 나는 전란 속에서 산 조조의 심금을 울렸다.

밀레니엄맨 칭기즈칸

힘센 자가 강한 자가 아니라
끝까지 살아남는 자가 강한 자다.

나의 몸이 죽어간다면 죽게 버려두라.
그러나 나의 조국은 그렇게 하지 마라.
-칭기즈칸

칭기즈칸(成吉思汗: 1162~1227)은 800년 전 척박한 땅 몽골
에서 태어나 끝없는 정복 전쟁을 하다가 간 인물이다. 정복
자 나폴레옹은 115만 제곱킬로미터의 땅을 정복했다. 히틀
러는 나폴레옹보다 2배 가까이 넓은 219만 제곱킬로미터를
정복했다. 그러나 기원전 323년 이미 두 사람의 정복 면적을
합친 것보다 더 넓은 땅을 차지했던 사나이가 있었다. 알렉
산드로스였다.

그런데 칭기즈칸은 이들 3명이 정복한 땅을 합친 것보
다 더 넓은 777만 제곱킬로미터를 정복했다. 공식적으로 칭
기즈칸의 후계인 대칸 쿠빌라이(忽必烈)가 지배했던 시대

의 최전성기 몽골제국 영토는 유라시아 전체를 아우르는 2,800~3,100만 제곱킬로미터의 넓이였다. 이것은 아프리카 대륙과 맞먹는 면적이다. 알렉산드로스, 나폴레옹, 히틀러의 제국은 그들이 죽기도 전에 해체되었다. 그러나 칭기즈칸이 건설한 제국은 그의 사후 150여 년을 유지한다. 그는 인류 역사상 최초로 '세계화'를 달성했다.

칭기즈칸, 밀레니엄맨이 되다

칭기즈칸은 1,000년의 인물 즉 밀레니엄맨으로 평가받고 있다. 1995년 12월 31일 자 기사에서 「워싱턴 포스트」지는 지난 1,000년 사이 가장 중요한 인물로 칭기즈칸을 선정했다. 그의 삶의 궤적이 지난 1,000년간 생존했던 다른 어떤 인물보다 위대하다는 평가였다.

종교개혁을 이끈 루터, 르네상스를 대표하는 레오나르도 다빈치, 심지어 뉴턴과 다윈과 콜럼버스, 마틴 루터 킹까지 모두 제치고 뽑힌 인물이 바로 칭기즈칸이었다. 「워싱턴 포스트」지는 이렇게 말했다. "[그는] 그 시대의 박애자도, 뛰어난 사상가도, 위대한 해방가도 아니었다. 역사는 성인이나 천재, 해방가의 이야기로만 이루어지는 것이 아니다. (…) 우리는 칭기즈칸을 지난 1,000년의 인물로 택했다.”

　장군으로서 칭기즈칸은 부하들의 마음을 사로잡는 믿음의 우두머리였다. 60명에 달하는 부하 장수들 중 어느 한 명도 그를 배신하지 않았다. 그는 부하들을 마음으로부터 복종하게 했다. 심복(心腹)이 되게 한 것이다.

야망을 위해 이복형을 죽이다

　칭기즈칸은 1162년 보르지긴족인 아버지 예수게이(也速該)와 메르키트족인 어머니 호엘룬(訶額侖) 사이에서 장남으로 태어났다. 예수게이는 최초의 통합 몽골 왕국인 몽골 울루스(Mongol Ulus)를 건국한 칸의 후손이었다. 고귀한 핏줄을 지니고 태어난 것이다. 예수게이는 호엘룬을 납치해 아내로 삼았다. 둘 사이에 아이가 태어나자 타타르의 족장 테무친 우게를 사로잡았음을 떠올려 이름을 ‘테무친(鐵木眞)’이라고 지었다. 그 후 예수게이는 소치겔이라는 이름의 여자에게서 두 아들 벡테르와 벨구테이를 얻었다.

　몽골인들은 어렸을 때부터 약혼하는 풍습이 있어 예수게이는 테무친이 아홉 살이 되던 1179년에 신붓감을 찾아 나섰다. 결국 테무친은 아버지가 정해준 보르테(孛兒帖)와 약혼을 했고 그 며칠 후 예수게이는 타타르 부족에게 독살당했다. 아버지 예수게이의 죽음, 그 고통과 가족의 앞날을 걱정하는 비통한 외침은 훗날 칭기즈칸이라 불리게 될 테무친의 전기에서 첫째 장을 이룬다. '칭기즈'라는 칭호는 1,206년 몽골제국의 대칸으로 추대되면서 받은 것으로 '광명의 신' 또는 '대양(大洋)'이라는 뜻이다.

칭기즈칸은 아버지가 독살당한 후 9세의 어린 나이로 어머니와 함께 초원에 버려졌다. 거기서 생사를 넘나드는 혹독한 생존 투쟁을 해야 했다. 하루하루 끼니를 걱정하며 언제 닥칠지 모르는 위험 속에서 악전고투했다. 적에게 잡혀 노예 생활을 하면서 적과 동지를 감각적으로 구분하고, 약육강식의 처절한 법칙을 몸으로 체험했다.

칭기즈칸은 잔혹한 승부사였다. 그는 집안의 가장이 되기 위해 천륜을 어기고 배다른 형을 살해했다. 당시 몽골은 형사취수(兄死取嫂) 제도가 유지되었고 더 나아가 생모를 제외하고는 아버지가 사망했을 때 남겨진 아버지의 처첩과 혼인 관계를 맺을 수 있었다. 이런 전통에 따라 남편이 사망한 후 양자를 남편으로 취하여 가문을 이어가기도 했다.

테무친의 어머니 호엘룬은 당시 나이가 아직 20대로 당연히 형사취수 전통에 따라 아버지의 형제들 중 누군가가 거두고 딸린 자식들을 부양해야 했다. 그러나 척박한 초원의 생활 조건에서 5명의 자녀를 거느린 과부를 맞는다는 것은 커다란 부담이었다. 또한 호엘룬 납치로 원수지간이 된 메르키트족의 복수 위협도 만만치 않았다. 이에 아버지의 형제들은 테무친의 가족을 남겨두고 슬금슬금 떠나버리고 테무친 일가는 고립무원으로 사막에 버려졌다.

이런 상황에서 장차 테무친 가족의 가장(家長)은 이복형 벡테르가 될 것이 틀림없었다. 이복형 벡테르가 성인이 되면 테무친의 생모인 호엘룬과 결혼하여 가계를 이을 방도밖에 없었기 때문이다. 테무친은 사태가 이렇게 발전하는 것을 참을 수 없었다. 벡테르가 살아 있는 한 그에게는 어떤 기회도 없는 셈이었다. 테무친은 결국 자기 친동생과 함께 이복형을 활로 쏘아 죽인다. 세계 정복의 야심은 천륜을 어기고 피를 나눈 형제를 살해하는 데서부터 출발했다.

안다를 성공의 발판으로 이용하다

자무카(札木合)는 테무친의 유일한 안다(의형제)였다. 테무친은 자무카를 자신의 세력을 확장하는 데 교묘하고도 철저하게 이용한다. 자무카는 대칸 자리를 놓고 테무친에 도전했다 패배하여 여러 곳을 전전하다가 결국 잡혀서 처형된다.

테무친이 초원의 강자로 등장하는 데는 케레이트족의 지도자 완 칸의 힘이 컸다. 완 칸은 테무친의 아버지 예수게이의 안다였다. 그는 아버지와 완 칸의 인연을 이용하여 그의 양자가 되어 그의 세력을 이용한다. 세력이 커지자 결국 테무친은 완 칸을 공격하고 완 칸은 쫓기다가 나이만족에 잡혀 죽는다.

「워싱턴 포스트」지는 칭기즈칸을 가리켜 "사실 그는 깡패였다. 그러나 역사는 때때로 깡패에 의해 만들어진다. 역사는 성인이나 해방가의 이야기로만 이루어지는 게 아니다"라고 했다. 실로 1,000년의 인간, 밀레니엄맨 칭기즈칸은 생존과 정복이라는 인간의 가장 근본적인 욕망을 극한으로 분출하여 가장 큰 세계를 정복한 정복자였다.

4마리 맹견과 4마리 준마가 칭기즈칸을 견인하다

수신제가치국평천하(修身齊家治國平天下)에서 가장 어려운 것은 무엇일까? 아마 제가(齊家)가 아닐까? 집안을 다스리는 일이 가장 어렵다는 뜻이다. 아무리 위대한 인물이라도 가족으로부터 지지를 받지 못하는 경우가 많았다.

칭기즈칸 역시 제가에는 성공하지 못했다. 가족으로부터

는 끊임없는 배신을 당했다. 그 결과 칭기즈칸은 가족보다는 외부 인간관계로 맺어진 사람들을 믿었다. 특히 그는 부하들과 전적인 신뢰를 주고받았다. 실제로 칭기즈칸은 자신이 거느린 60명의 장수로부터는 한 번도 배신당하지 않았다.

그중 사준사구(四駿四狗) 즉 4마리 맹견 젤메, 제베, 쿠빌라이, 수부타이와 4마리 준마 보오르추, 무칼리, 치라운, 보로클은 오직 칭기즈칸이 삶의 전부인 부하들이었다. 이들은 칭기즈칸이 만든 제국을 이끄는 견인차였다. 특히 이들 중 젤메, 제베, 보오르추, 무칼리와 칭기즈칸 사이의 신임과 충성은 각별했다.

젤메는 어릴 적부터 사귄 친구이자 부하였다. 테무친이 자무카와 그를 돕는 타이치우드족을 추격하던 중 제베가 쏜 화살이 테무친의 목을 꿰뚫었다. 테무친은 의식을 잃었고 목에서는 많은 피가 흘러나왔다. 화살에 독이 묻어 있을 수도 있고 상처에 세균이 감염될 수도 있었다.

피를 빨아내야 했다. 이때 옆에서 젤메가 그 피를 입으로 받아마셨다. 당시 몽골 풍습에서 피는 생명으로 여겼기 때문에 피 흘리는 것을 금기시했다. 젤메는 테무친의 피가 밖으로 나가는 것을 막으려고 한 것이다. 이 행동은 또한 적에게 테무친의 부상이 알려지는 것을 막기 위한 것이기도 했다. 젤메는 밤새도록 테무친을 지키며 목에서 흐르는 피를 받아

마셨다. 얼마나 많이 마셨는지 너무 배가 불러 할 수 없이 뱉어내기에 이른다.

자정이 지나자 잠시 정신을 차린 테무친이 말 젖으로 만든 술(마유주馬乳酒)인 아이락을 찾았다. 그러나 전장에는 약간의 물만 있을 뿐이었다. 젤메는 적의 진영에는 말 젖이 있을 것이라고 생각했다. 젤메는 옷을 벗고 적진으로 숨어들었다. 만약 발각되면 자기편이 옷을 벗기고 수치를 주어 귀순할 작정이었다고 속일 셈이었다. 그러나 조금이라도 잘못되면 즉각 처형될 판이었다. 다행히 젤메는 적에게 발각되지 않았다. 그는 말 젖 술은 찾지 못했으나 발효 중인 말 젖을 한 통 찾아 가지고 돌아왔다. 젤메는 이것을 물에 타서 밤새도록 테무친에게 먹였다.

동이 트자 테무친이 깨어났고, 반쯤 벗은 젤메와 주위에 흥건한 자신의 피가 제일 먼저 눈에 들어왔다. 밤새 있었던 일을 듣고 나서 테무친은 "다른 데 뱉을 수 없었나?"라고 퉁명스럽게 말하는 것으로 고마움을 대신했다.

제베는 당시 몽골 제일의 궁수였다. 이런 제베의 화살이 테무친의 목을 관통한 것이다. 테무친은 다음 날 추격 끝에 적을 완전히 격파하고 자신을 쏜 자를 찾았다. 마침내 제베가 테무친 앞에 끌려나왔다. 제베는 이렇게 말했다.

지금 저를 죽이시면 제 몸에서 흘러나오는 피는 한 움큼 흙만을 적실 것입니다. 저를 용사로 받아주십시오! 그러면 제 몸에서 흘러나오는 피는 온 천하의 대지를 적실 것입니다.

이후 제베는 테무친의 맹견이 되어 이른바 '유령군단'을 이끌고 테무친이 가라는 곳이면 어디든 달려갔다.

무칼리는 적장의 노예였다. 사로잡혀 테무친 앞에 끌려나온 그는 어떤 경우라도 주인에게 충성할 뿐이라고 했다. 그런 무칼리에게 테무친은 죽은 주인을 대신하여 산 주인에게 충성하라고 말했다.

그 후 무칼리는 테무친의 왼팔이 되었다. 무칼리는 테무친의 절대적인 신임을 받았다. 그는 무칼리에게 칸이라는 칭호를 내려주어야 된다고 했다. 실제로 무칼리는 테무친을 대신하여 나라를 다스리는 권황제(權皇帝)로 임명되어 테무친이 서역을 정벌하는 동안 나라를 통치한다.

보오르추는 테무친이 청년 시절에 만나 친구다. 두 사람의 만남은 테무친이 말 8마리를 훔친 도둑을 추적하는 과정에서 일어났다. 테무친과 보오르추는 사흘 밤낮을 추격해 잃어버린 말을 찾는 데 성공한다. 보오르추는 말을 나눠주겠다는 테무친의 제의를 정중히 거절했다. 벗의 고통을 함께 나누는 것은 벗의 의무였다. 도움의 대가로 말을 받는다면 어떻게 벗이겠는가?

보오르추는 이후 테무친의 오른팔이 되어 평생을 같이한
다. 테무친은 보오르추에게 자리를 나눌 만한 친구라고 했다.

테무친은 철저하게 능력과 신의에 따라 부하들을 다루었
다. 이에 부하들은 온몸을 바치는 충성과 존경으로 테무친을
따랐다. 이런 신의와 충정이 팍스 몽골리카(Pax Mongolica: 몽
골 지배 아래 세계 평화)를 이룬 것이다.

칭기즈칸은 신장이었다

손자는 『손자병법』에서 "장수는 지혜와 믿음과 어짊과 용
기와 위엄을 갖춘 자다(將者智信仁勇嚴也)"라고 장재(將才)를
논했다. 대개는 이 중 지(智)나 용(勇)을 들어 지장(智將)이니
용장(勇將)이니 한다. 신(信)을 들어 신장(信將)이라고 하는
경우는 드물다. 그러나 믿음은 장수의 자질에서 매우 중요한
위치를 차지한다. 신은 부하를 다스리는 근본적인 힘으로 공
평무사한 신상필벌에서 나온다. 신은 절대로 속임수, 가식으
로 할 수 없다. 신은 상하를 일심동체가 되게 하여 생사를 같
이하게 한다. 마음으로부터 복종하게 한다. 이것은 전장에서
무서운 시너지가 되어 전투력을 증가시킨다. 이런 차원에서

칭기즈칸은 부하들로부터 전적인 신뢰를 받은 신장이었다.

칭기즈칸이 건설한 제국은 신의를 바탕으로 한 완전한 신용사회였다. 이 신의는 불과 100만 명 내외의 인구, 최대 20만 명의 기병을 가지고 세계 최대 제국을 건설한 에너지였다. 이런 칭기즈칸 치하 몽골 사회의 신의를 보여주는 일화가 있다. 1245년의 일이었다. 로마 교황 인노첸시오 4세는 유럽을 더 이상 침공하지 말아달라고 요청할 목적으로 칭기즈칸의 손자이자 몽골제국의 3대 대칸인 귀위크 칸의 대관식에 조반니 다 피안 델 카르피네를 파견했다. 델 카르피네는 귀국하여 몽골 여행기를 남겼는데 거기에 죽음을 자처한 병사에 관한 기막힌 이야기가 실려 있었다.

사라이(평화라는 뜻을 가진 킵차크 칸국의 수도)를 둘러싸고 있는 경계 초소에서 야간 경비를 서던 몽골 병사 한 명이 잠이 들고 말았다. 잠에서 깨어나 자신이 깜박 잠이 든 사실을 안 그는 깜짝 놀라 누구한테 들킨 것도 아닌데 친위대장에게 자신의 잘못을 자백했다. 친위대장은 병사의 정직성을 칭찬했지만 군율대로 병사에게 사형을 명했다.

마침 처형식을 구경하던 델 카르피네는 그 병사에게 굳이 아무도 모르는 사실을 밝힐 필요가 있느냐고 물었다. 그러자 그 병사는 순진무구한 표정으로 고개를 저었다. "만일 내가 잠든 시간에 적이 쳐들어왔더라면 우리 바투 칸이 위험했을 지도 모릅니다. 경계 중에 잠들었다는 것은 용서받을 수 없는 일이에요." 그 병사는 친위대장의 지시로 그날 바로 처형되었다.

이 일화는 우리에게 무엇을 말해주는가? 칭기즈칸이 건설한 제국이 순도 100퍼센트의 신뢰로 이루어진 사회라는 것이다. 상하 간에 신의와 믿음을 목숨보다 소중히 여기는 사회, 자기 공동체를 위해 서로가 서로에게 목숨을 맡길 수 있는 사회가 칭기즈칸이 구축한 몽골제국이다. 이 병사의 이야기는 칭기즈칸의 리더십이 신의에 바탕을 두고 있음을 여실히 보여주는 것이자, 믿음이 몽골제국의 폭발적인 에너지였음을 증명해주는 것이다.

세계 역사상 가장 큰 제국을 건설하다

몽골인들에게는 여러 부족 간 처절한 약육강식 투쟁이 일상적인 생활이었다. 칭기즈칸은 부족을 통일하고 나서 몽골의 희망은 안이 아니라 밖에 있음을 알았다. 정복을 통해 몽골 전체가 살아야 한다고 생각한 것이다.

서하(西夏)와 금을 정복하고 수많은 정복 전쟁을 통해 중앙아시아의 호라즘(Khorezm) 제국을 포함한 무수히 많은 나라를 합병했다. 칭기즈칸은 몽골제국의 기반을 마련했고, 인류 역사에 지워지지 않는 족적을 남겼다. 2세기 가까이 유라시아 대륙의 넓은 영토를 통치했던 몽골제국은 '팍스 몽골리카'를 이루고, 인구학과 지정학 면에서 큰 변화를 일으켰다.

몽골제국의 영토는 현대의 몽골, 중국, 러시아, 벨라루스, 우크라이나, 몰도바, 아제르바이잔, 아르메니아, 그루지야, 이라크, 이란, 카자흐스탄, 키르기스스탄, 우즈베키스탄, 타지키스탄, 아프가니스탄, 투르크메니스탄, 쿠웨이트, 터키, 키프로스, 시리아 일부를 아우른다.

칭기즈칸의 정복 경로

서하 정복

칭기즈칸의 궁극 정복 목표는 금나라였다. 그런데 금나라를 정복하기 위해서는 서하의 힘이 필요했다. 금나라의 '왼팔'인 서하를 자신들의 '오른팔'로 만들어야 했다.

서하는 티베트계 유목민인 탕구트족이 오늘날 중국 서북부의 간쑤성, 칭하이성, 닝샤후이족자치구, 네이멍구자치구 등에 걸친 지역에 세운 나라다. 종교는 라마교(티베트 불교)였고, 한자에서 파생된 문자를 가지고 있었다. 중국의 영향으로 문화가 상당히 발달했다.

서하 정복 전쟁은 3단계로 나누어 6차례에 걸쳐 이루어졌다. 이 과정에서 서하는 몽골의 오른팔이 되었다. 그러나 지도자의 오판으로 칭기즈칸을 모욕하고 얕보다 제6차 정복 전쟁으로 멸망하게 된다.

서하 정복 전쟁

단계	시기	전쟁 목적
1단계	제1차: 1205년 제2차: 1207년	서하의 항복 금 공격시 오른팔 역할
2단계	제4차: 1218년 제5차: 1224년	오른팔 임무 차질 없이 수행
3단계	제6차: 1226~1227년	서하 멸망

금 정복

칭기즈칸은 10만 명의 병력으로 1211년 중국 북부에 자리 잡고 있던 금나라를 향해 진격했다. 칭기즈칸에게 금나라는 할아버지 대부터 원수지간이었다. 객관적으로 보면 상대가 안 되는 전투에서 칭기즈칸은 금나라의 군대를 대파하고 승리를 거둔다. 1214년 금으로부터 막대한 보상금을 받고 철수했으나 1215년 다시 정복 전쟁에 나서 금나라 수도 연경(延慶: 금나라 때 명칭은 중도中都. 지금의 베이징)을 함락시켰다.

그 뒤 중국 북부 전체 정복 임무는 '4마리 준마' 가운데 한 사람인 무칼리에게 맡겨졌다. 무칼리는 1218년부터 1223년까지 4만 5,000여 명의 병력으로 금나라 정복 전쟁을 계속한다. 무칼리가 54세에 사망하자 1224년부터는 그의 아들 보로가 정복 임무를 물려받아 1227년까지 계속한다. 금나라 정복은 칭기즈칸 사후 쿠빌라이 때 완료된다.

금 정복 전쟁

지휘관	시기	병력	점령 지역
칭기즈칸	1211~1217년	10만 명	베이징
무칼리	1218~1223년	4만 5,000명	황허 이남 산시성 일대
보로	1224~1227년	4만 5,000명	산둥성

호라즘 정복

칭기즈칸에게는 금나라 정복이 시급했다. 그런데 호라즘에서 칭기즈칸의 보호 아래 있던 450명의 이슬람 대상단이 몰살당하는 사건이 발생했다. 금나라와 전쟁 중이던 칭기즈칸은 호라즘의 사과를 요구했다. 그러나 호라즘 제국의 샤(황제)는 이에 대한 사과와 보상을 거부했다. 호라즘 정복 또한 언젠가는 해야 할 일이었지만 이 사건으로 전쟁이 앞당겨졌다.

몽골과 호라즘의 전쟁은 1218년 시작되었다. 당시 호라즘은 알라 웃딘 무함마드 샤의 통치 아래 서요(西遼)를 속국으로 삼으며 중앙아시아를 지배하고 있었다.

호라즘과 전투는 메르키트족의 반란을 진압하는 과정에서 시작되었다. 1217년 몽골에서는 명맥만 유지하던 메르키트족이 반란을 일으켰다. 이를 진압한 몽골군은 남은 메르키트 병사들을 서요 국경 지대까지 쫓아가 전멸시켰다. 이때 수만 명의 군대를 이끌고 서요를 방문한 무함마드 샤의 군대와 마주쳤다. 몽골군을 우습게 본 샤가 몽골군에 선전포고를 함으로써 전투가 벌어졌다. 당시 몽골군은 호라즘군의 3분의 1밖에 되지 않았으나 치밀한 전략과 기마술로 호라즘군 절반을 죽이고 샤의 본진을 습격해 왕실 물품을 탈취했다.

이후 칭기즈칸은 1204년 몽골군에 패한 후 죽은 나이만족 족장 타이양 칸의 아들 크츨루크가 서요의 국왕이 되어 있다는 정보를 입수했다. 이에 제베를 시켜 서요를 공격해 크츨루크를 죽이고 서요를 점령했다. 이로써 몽골은 호라즘과 직접 국경을 맞대게 되었다.

그러나 칭기즈칸은 금나라와 한창 전쟁 중이라 호라즘 같은 강국과 전쟁을 치를 상황이 아니라고 판단했다. 칭기즈칸은 호라즘과 통상을 맺기 위해 사신을 보냈다. 샤는 칭기즈칸이 보낸 편지에 적힌 "그대를 사랑하는 내 아들처럼 대할 것"이라는 글귀에 분노했다. 그는 통상에 응했으나 통상을 위해 방문한 450명의 상단을 오트라르 성 성주 이날축을 시켜 처형했다. 더 나아가 항의하러 온 사신단마저 처형했다. 사실상 선전포고였다. 1219년 칭기즈칸은 선전포고를 하고, 금나라 정복은 무칼리에게 위임한 후 20만 명의 병력으로 2,000만의 인구를 가진 강대국 호라즘 침공을 개시했다.

이 전쟁에서 칭기즈칸은 호라즘의 모든 도시를 휩쓸었다. 주민들은 거의 몰살당했다. 칭기즈칸이 호라즘 샤를 상대로 무자비한 복수전을 펼쳐나가는 동안 전답과 화원은 황폐화되었고 관개시설은 파괴되었다. 호라즘 정복 전쟁은 1219년부터 1223년까지 진행되었다. 무함마드 샤는 칭기즈칸의 무자비한 추격전에 쫓기다가 카스피 해 부근에서 사망하고 호라즘 제국은 멸망했다.

캅카스와 러시아 지역 전투

칭기즈칸은 무함마드가 사망했다는 소식을 듣고 제베와 수부타이에게 카스피 해와 흑해 쪽을 훑게 했다. 제베와 수부타이는 카스피 해를 지나 유럽까지 이르러 2년 가까이 정복 활동을 펼친다. 이것은 몽골군의 우수한 현지 적응 능력, 장거리 보고 체계, 상하 간 절대 신뢰 관계 덕분에 가능했던 일이었다.

1220년 제베와 수부타이는 아제르바이잔 지방으로 들어가 이란 북서부 도시 타브리즈를 점령하고 카스피 해 연안으로 나아간 다음 그루지야(지금의 조지아)로 쳐들어 가 수도 티플리스를 함락시켰다. 이어서 남쪽으로 내려와 이란 중서부 도시 하마단을 정복하고 1221년 다시 그루지야로 향해 캅카스 산맥을 넘었다.

1222년 알라니족(이란계 유목 민족)과 킵차크족을 무찌르고 러시아로 진출했다. 그해 5월 키예프, 체르니고프, 할리치 등지의 러시아 연합군 8만 명과 맞닥뜨린 제베와 수부타이는 유인 매복 전술로 적을 격파했다. 이들은 몽골로부터 10,000킬로미터나 떨어진 러시아 서부를 흐르는 볼가 강까지 진출하여 유럽을 공포에 떨게 만들었다. 1223년 수부타이와 제베는 마침내 정복 전쟁을 마감하고 몽골로 돌아간다.

파르완과 인더스 강 전투

칭기즈칸은 카스피 해와 러시아, 유럽 지역 정복은 무함마드 샤를 추격하는 제베와 수부타이에게 일임했다. 칭기즈칸 자신은 무함마드의 아들 잘랄 웃딘을 뒤쫓아 이란·아프가니스탄·인도 쪽으로 향했다.

칭기즈칸은 1220년 우즈베키스탄 중동부 도시 사마르칸트를 함락시킨 후 아무다리야 강을 향해 나아가 테르메르를 공격하여 함락시켰다.

1221년 봄 아무다리야 강을 건너 오늘날 아프가니스탄 북부 박트리아 지역을 정복했다. 1221년 여름을 박트리아 산지에서 보내고 힌두쿠시 산맥에 위치한 요충지인 아프가니스탄 중부 도시 바미안을 공격했다. 이에 잘랄 웃딘은 바미안 동남쪽에 위치한 가즈니로 도망쳤다. 잘랄 웃딘은 그곳에서 터키 용병과 아프가니스탄인으로 이루어진 7만 명의 병력을 구축했다. 칭기즈칸은 시키 쿠투크(失吉忽禿忽)에게 4만 5,000명의 군사를 내주어 정벌에 나서게 했다. 시키 쿠투크 군은 파르완에서 잘랄 웃딘 군과 일전을 벌였으나 패배하고 말았다. 1221년 가을 칭기즈칸은 큰아들 주치(朮赤), 둘째 아들 차가타이(察合台), 셋째 아들 오고타이(窩闊台), 넷째 아들 툴루이(拖雷)와 함께 가즈니로 진격했다. 하지만 잘랄 웃딘은 그곳에 없었다. 잘랄 웃딘 군은 시키 쿠투크 군에 승리한 뒤 전리품을 놓고 내분이 일어나 모두 흩어져버렸다. 잘랄 웃딘은 인도 국경을 넘어 펀자브 지방으로 달아날 계획을 세웠다. 이 정보를 입수한 칭기즈칸은 급히 추격에 나섰다. 1221년 11월 인더스 강을 뒤에 두고 몽골군과 잘랄 웃딘 군 사이에 전투가 벌어졌다. 몽골군은 잘랄 웃딘 군을 포위한 채 인더스 강으로 몰아붙였다. 잘랄 웃딘 군은 배수진을 친 격이었다. 싸움은 밤을 새우고 다음 날까지 계속되었다. 잘랄 웃딘은 승리는 고사하고 도망칠 기회조차 못 잡을 듯하자 결국 인더스 강으로 뛰어들어 달아났다. 이후 칭기즈칸은 인더스 강 근처에 한동안 더 머물며 잘랄 웃딘을 추격했으나 성과는 없었다. 칭기즈칸은 잘랄 웃딘을 추적해 1218년부터 1224년까지 벌인 정복 전쟁을 끝내고 1225년 몽골로 돌아왔다. 그리고 다시 서하 정복에 나섰다가 1227년 그곳에서 사망했다.

칭기즈칸의 세계 정복 사업은 그의 아들들과 손자들에 의해 대를 이어 전개되었다. 남송(南宋) 정복은 손자 몽케(夢哥)가 계속하다가 사망하자 그의 동생 쿠빌라이가 이어받아 마무리했다.

칭기즈칸 생전에 정복한 영토는 777만 제곱킬로미터에 달한다. 그의 사후에 영토는 3,000만 제곱킬로미터로 확장된다. 1260년 이후 제국은 킵차크 칸국, 차가타이 칸국, 일 칸국, 우구데이 칸국의 4개 칸국으로 분열되어 150여 년간 지속된다. 칭기즈칸의 나라는 최초로 동서양을 연결하여 세계화를 이룩한, 명실상부한 세계 제국이었다.

칭기즈칸이 말하는 칭기즈칸

칭기즈칸은 스스로에 대해 정직한 사람이었다. 절제하고, 부하들과 동고동락했다. 무엇보다 하고자 하는 일에 엄청난 열정을 가진 사람이었다. 그는 스스로에 대해 다음과 같이 말했다.

"나는 특별한 자질이 없다."

"나는 소를 치는 목동이나 말을 모는 사람과 똑같은 옷을 입고 똑같은 음식을 먹는다. 우리는 똑같이 희생하고 똑같이 부를 나누어 가진다."

"나는 사치를 싫어한다."

"나는 절제한다."

"우리는 늘 원칙이 같으며 서로 애정으로 뭉쳐 있다."

"내 통치에 부족한 점이 있을까 봐 걱정이다."

지금 왜 다시 칭기즈칸인가?

21세기는 세계화 시대다. 닫힌 세계가 아니라 열린 세계인 것이다. 칭기즈칸은 이 열린 세계를 살아가는 방식을

800년 전에 실천했다. 그래서 지금 다시 칭기즈칸을 주목할 필요가 있다.

첫째, 칭기즈칸은 무엇보다 속도, 기술, 정보를 생명으로 여겼다. 그는 정복지의 기술자를 절대 죽이지 않았다. 그 어떤 제왕보다 기술자를 존중했다. 또한 몽골군은 역사상 다른 어떤 군대보다 더 먼 거리를 비교할 수 없이 빠른 속도로 움직였다. 칭기즈칸의 기병이 보여준 기동력은 그 이후 아무도 달성하지 못한 속도였다. 50킬로미터 간격으로 정복지에 촘촘하게 설치한 역참(驛站)과 대상(隊商)으로 조직된 정보망은 칭기즈칸 판 인터넷이었다. 그는 이 네트워크로 제국의 모든 정보를 장악하고 있었다.

둘째, 상하가 같은 꿈을 꾸게 했다. 손자는 승리하는 조직의 특성 중 하나를 "상하동욕자승(上下同欲者勝)"이라고 표현했다. 위와 아래가 같은 욕구를 가진 조직이 승리한다는 것이다. 손자의 이 말과 "한 사람의 꿈은 단지 꿈에 그치지만 만인의 꿈은 바로 현실이다"라는 칭기즈칸의 말은 정확하게 같은 뜻이다. 개인의 비전과 조직의 비전을 일치시키는 일은 결코 쉽지 않다. 하지만 그렇게 되었을 때 뿜어 나오는 힘은 엄청나다. 칭기즈칸이 이를 증명했다. 그 꿈의 핵심은 "파이"의 문제였다. 그는 이미 주어진 파이를 나누는 것이 아니라 파이를 키워서 나누고자 했다. 칭기즈칸은 정복을 통해 파이를 키우고 이를 나누었다. 거기에 동참하는 상하는 같은 꿈을 꾸었다. 현대를 살아가는 우리의 문제에 대한 해법이 여기에 있다. 지위고하를 막론하고 모두가 같은 꿈을 꾸는 것이다.

셋째, 실력 있는 사람이면 누구나 등용하여 시너지를 달성했다. 칭기즈칸에게 훌륭한 인물은 고귀한 신분을 가진 자가 아니라 문제를 해결하는 사람이었다. 거기에 신분, 인종, 노소는 문제가 되지 않았다. 오직 문제를 해결하는 실력만이 중요했다. 현대를 살아가는 데 가장 중요한 것 또한 창의적인 문제 해결 능력이다. 칭기즈칸은 제국 경영을 통해 현대 사회에 꼭 필요하고 높이 평가받아야 할 역량이 무엇인지에 대한 답을 주었다.

조선을 두 번 구한 이순신

반드시 죽고자 하면 살 것이고,
반드시 살고자 하면 죽을 것이다.

가볍게 움직이지 마라. 태산처럼 무겁게 침착하라.
–이순신

두 번 조선을 구하다

조선 518년의 역사를 통해 가장 유명한 장수를 들라면 주저 없이 이순신(李舜臣: 1545~1598) 장군을 꼽을 수 있다. 그는 임진왜란(壬辰倭亂) 7년 동안 23전 23승의 전공을 세우면서 조선을 두 번이나 구해낸다. 호남으로 전략적 우회를 기도하던 도요토미 히데요시(豊臣秀吉)의 의지를 한산도대첩(閑山島大捷)과 명량대첩(鳴梁大捷)을 통해 꺾음으로써 풍전등화 같던 조선의 운명을 일본군 손아귀로부터 구한 것이다.

1592년 발발한 임진왜란에서 도요토미 히데요시는 부산에서 한성(漢城)으로 향하는 육로를 주축으로 하여 지상군 주력부대를 북진시키고, 남해에서 서해로 이어지는 해상 수송로를 통해 군수 지원을 하려 했다. 수륙병진 작전이었다. 이 작전에서 관건은 지상 작전이 아니라 해상 작전이었다. 이순신 장군은 도요토미 히데요시의 작전 의도를 정확하게 파악했다. 1593년 7월 16일 사헌부 지평 현덕승(玄德升)에게 보낸 편지에서 다음과 같이 한산도 해전의 의미를 평가하고 있다.

　삼가 생각건대, 호남은 국가의 보루며 장벽이니 만약 호남이 없다면 곧 국가가 없는 것입니다(湖南國家之保障 若無湖南 是無國家). 이런 까닭에 어제 한산도에 나아가 진을 쳐 바닷길을 막을 계획을 세웠습니다.

　한산도대첩은 호남을 구하고 나라를 구한 것이었다.

　1597년 정유재란(丁酉再亂)에서도 마찬가지였다. 지상에서 왜군은 서울 코밑까지 쳐들어왔다. 이런 상황에서 왜군은 육로와 해로를 통한 협공을 계획한다. 울돌목(명량해협)에서 서울까지는 하루 뱃길. 이 길이 뚫리면 국왕 선조(宣祖)의 목은 그대로 왜군의 칼날 아래 놓이는 셈이었다. 백의종군 중 급하게 삼도수군통제사(三道水軍統制使)로 재임명된 이순신은 겨우 12척의 배로 10배 이상인 133척의 일본군을 물리친다. 천우신조요, 조선의 복이었다.

이순신 장군은 이렇게 두 번이나 도요토미 히데요시의 해군을 격파하고 왜군의 서해 진출을 저지한다. 지상군 부대의 북진을 배후에서 타격함으로써 결국 조선 정복과 명나라 정벌이라는 도요토미 히데요시의 야욕을 좌절시킨 것이다. 이순신이 아니었으면 임진왜란과 정유재란은 일본군의 손쉬운 승리로 끝났을 것이다. 혜성처럼 나타난 이순신은 누란의 위기에 처한 조선을 거듭 구해낸다. 그가 없었다면 조선 518년의 역사는 없었을 것이고 나아가 오늘의 대한민국도 존재하지 못했을 것이다. 그가 민족의 스승으로 추앙받는 세종대왕과 나란히 광화문 광장에 동상으로 서 있는 것은 바로 이 때문이다.

이순신은 세계의 명장이다

이순신은 단순히 조선의 명장이 아니다. 당당히 세계의 명장 반열에 서 있다.

명나라 장수 진린(陳璘)은 1598년 선조에게 이렇게 진언했다.

이순신은 천하를 경영하는 재주와 나라를 바로잡는 공로가 있는(有經天緯地之才補天浴日之功) 사람입니다.

영국의 해전사 전문가인 해군 중장 조지 밸러드(George Alexander Ballard)는 저서 『일본 정치사에서 바다의 영향(The Influence of the Sea on the Political History of Japan)』(1921)에서 이순신을 이렇게 평가했다.

영국인들이 넬슨 제독과 어깨를 나란히 하는 인물이 존재한다고 인정하기는 쉽지 않다. 그러나 만일 그렇게 여길 만한 인물이 있다면 그 사람은 패배를 모르는 아시아의 이 위대한 해군 사령관이어야만 할 것이다.

한산도대첩에서 이순신 장군에게 패한 왜장 와카자키 야스하루(脇坂安治)는 이런 말로 패배감과 두려움, 외경심을 절절히 드러냈다.

이순신은 여느 조선 장수들과 달랐다. 나는 두려움에 질려 벌벌 떨며 며칠이고 아무것도 먹을 수가 없었다. 또 앞으로 전쟁에서 장수로서 내 직무를 다할 수 있을지 회의가 들었다. 내가 가장 두려워하는 사람도 이순신, 가장 미워하는 사람도 이순신, 가장 좋아하는 사람도 이순신, 가장 흠모하고 공경하는 사람도 이순신, 가장 죽이고 싶은 사람도 이순신, 가장 차를 함께하고 싶은 사람도 이순신이다.

이순신 장군은 이처럼 우리만의 영웅이 아니라 세계가 인정하는 명장인 것이다. 콧대 높은 영국인들마저, 또 그와 맞서 싸운 적장마저 인정할 수밖에 없는 위대한 장수가 바로 이순신이다.

이순신의 가계와 유년 시절

이순신은 1545년(인종 1) 3월 8일(양력 4월 28일)에 지금의 중구 인현동 부근인 한양 건천동(乾川洞)에서 출생했다. 자는 여해(汝諧), 시호는 충무(忠武)다.

본관이 덕수(德水) 이씨(李氏)인 아버지 이정(李貞)과 초계 (草溪) 변씨(卞氏)인 변수림(卞守琳)의 딸인 어머니 사이에서 사형제 중 셋째 아들로 태어났다. 이름 순신에서 '순(舜)'은 삼황오제(三皇五帝) 중 순 임금에서 따 온 것이고 '신(臣)'은 돌림자다. 다른 형제들 이름도 복희씨(伏羲氏), 요(堯)·순(舜)·우(禹) 임금을 순서대로 따라 두 형은 희신(羲臣)·요신(堯

臣), 동생은 우신(禹臣)이라 지었다.

집안은 나쁘지는 않았지만 아주 뛰어나지도 않았다. 선조들은 어느 수준 이상의 관직에 올랐다. 6대조 이공진(李公晉)은 판사재시사(判司宰寺事: 정3품)를 지냈다. 가장 도드라진 인물은 5대조 이변(李邊)이었다. 그는 1419년(세종 1) 증광시에서 급제한 뒤 대제학(大提學: 정2품)과 영중추부사(領中樞府事: 정1품)까지 올랐다. 증조부 이거(李琚)도 1480년(성종 11)에 급제한 뒤 이조정랑(吏曹正郎: 정5품)과 병조참의(兵曹參議: 정3품) 등의 요직을 역임했다. 이순신의 가문은 조부 때부터 내리막길을 걸었다. 할아버지 이백록(李百祿)과 아버지 이정 모두 과거에 급제하지 못했고, 당연히 벼슬길에도 오르지 못한 것이다.

이순신은 한양에서 보낸 어린 시절에 일생에 중요한 영향을 끼칠 인물을 만났다. 나중에 영의정(領議政)이 되는 서애(西厓) 유성룡(柳成龍: 1542~1607)이었다. 세 살 차이인 두 사람은 임진왜란 중 문무에서 각각 결정적인 공로를 세웠다. 조선 태종(太宗)의 가장 큰 치적은 세종(世宗)을 후계자로 선정한 것이라는 평가도 있듯이, 유성룡의 많은 업적 중에서 가장 중요한 것은 이순신을 적극 천거하고 옹호한 일이었다. 선조에게 무명의 이순신을 강력히 추천하여 전라좌수사(全羅左水使)로 삼게 한 유성룡의 혜안이 조선을 구했다고도 할 수 있다.

유성룡이 "신의 집은 이순신과 같은 동네였기 때문에 그의 사람됨을 깊이 알고 있습니다"라고 선조에게 이야기할 정도로 둘 사이는 친밀했다. 유성룡은 『징비록(懲毖錄)』에서 어린 시절의 이순신을 인상 깊게 회고했다.

이순신은 어린 시절 영특하고 활달했다. 다른 아이들과 모여 놀 때면 나무를 깎아 화살을 만들어 동네에서 전쟁놀이를 했다. 마음에 거슬리는 사람이 있으면 그 눈을 쏘려고 해 어른들도 그를 꺼려 감히 군문(軍門) 앞을 지나려고 하지 않았다. 자라면서 활을 잘 쏘았으며 무과에 급제해 관직에 나가려고 했다. 말 타기, 활쏘기를 잘했으며 글을 잘 썼다.

유성룡이 기억하는 이순신은 어려서부터 이미 무인의 기개가 넘쳤다. 특히 "마음에 거슬리는 사람은 그 눈을 쏘려고 했다"는 대목은 이순신이 어린아이 때부터 이미 범상치 않은 무인으로서 기질을 드러냈음을 보여준다.

조선 왕조는 1392년 개국과 함께 "배불숭유(排佛崇儒)"의 정책에 따라 불교를 배척하고 유학을 국가 경영 원리로 삼았다. 그런데 100여 년이 지나는 동안 학자들 사이에 파벌이 생겨나 결국 제한된 벼슬자리를 놓고 싸움이 벌어졌다. 이

권력 다툼은 어차피 제로섬 게임이었다. 1498년(연산군 4) 무오사화(戊午士禍)를 시작으로, 1504년(연산군 10) 갑자사화(甲子士禍), 1519년(중종 14) 기묘사화(己卯士禍)로 이어졌다. 기묘사화는 연산군(燕山君)을 물리치고 왕위에 오른 중종(中宗)이 그동안의 암흑 정치를 바로잡으려고 조광조(趙光祖) 등 개혁파를 등용했으나 공신 세력들의 반격에 몰락한 사건이다. 이같이 거듭되는 사화로 정쟁은 더욱더 심해졌다. 거기에다 외척 간 싸움까지 겹쳐 정국의 혼란을 가중시켰다. 중종 이후 인종이 즉위했다가 재위 8개월 만에 죽자 12세의 어린 임금인 명종(明宗)이 1545년 왕위에 오른다. 그해 외척인 대윤(大尹)과 소윤(小尹) 사이에 대규모 살육전이 벌어진다. 이것이 을사사화(乙巳士禍)로 바로 이순신이 태어난 해의 일이다.

이순신의 조부 이백록은 기묘사화에 연루되어 큰 고난을 겪었다. 조광조와 그를 따르던 무리들이 대거 참형을 받았으나 다행히 이백록은 참형을 면하고 은거하다 사망했다. 집안이 이런 일을 겪자 아버지 이정은 벼슬길에 뜻을 두지 않고 평생을 평민으로 지냈다.

이순신의 어머니 친정은 아산(牙山) 백암리(白岩里)였다. 시집의 형편이 기울어 서울 생활이 어려워지자 이순신이 16세 무렵 친정이 있는 곳으로 이사한다. 아산 이사에는 조선

중기까지 널리 시행되던 남귀여가혼(男歸女家婚)의 영향도 있었다. 결혼한 뒤 처가에서 상당 기간 거주하는 이 풍습은 자연히 부인과 처가의 위상을 높였다. 기울어가는 가세와 당시의 결혼 풍속도가 처가 이주를 자연스럽게 받아들이도록 해주었다. 이 때문에 이순신에게는 외가인 아산 백암리가 고향이 되었다. 이순신은 20세 때 상주(尙州) 방씨(方氏)와 혼인했다. 장인은 보성(寶城) 군수를 지낸 방진(方辰)이었다. 과거 급제 기록이 없고 군수라는 관직으로 미루어 그렇게 대단한 인물은 아니었다. 그러나 상당한 재물을 가지고 있어 이순신이 10년 이상 무과를 준비하는 동안 아내 방씨가 집안 살림을 도맡는다. 이순신은 방씨와의 사이에서 이회(李薈), 이울(李蔚), 이면(李葂) 세 아들과 딸 하나를 두었다. 첩을 두어 그 소생이 있었고, 나중에 북에서 따라온 여진(女眞) 여인과 살았으나 자식은 없었다.

어릴 때부터 무인의 자질을 보였지만 이순신은 문관 시험을 준비했다. 10세 전후부터 공부를 시작했다고 보면 10년 정도 한 셈이다. 『난중일기(亂中日記)』와 뛰어난 시를 남긴 데는 이것이 중요한 자산으로 작용했다. 그러나 결혼 1년 뒤 무관으로 진로를 바꾸어 본격적으로 무예를 닦기 시작했다.

관직에 오르다

이순신은 28세인 1572년(선조 5) 8월에 무관 선발시험인 훈련원별과(訓鍊院別科)에 처음 응시했다. 하지만 시험을 치르던 중 타던 말이 넘어져 다리가 부러지는 부상을 입었다. 물론 낙방했지만, 다시 일어나 버드나무 껍질을 벗겨 다친 다리를 싸매고 시험을 마친 것은 널리 알려진 일화다.

무장으로서 이순신의 공식 경력은 그로부터 4년 뒤에 시작되었다. 그는 1576년(선조 9) 2월 식년무과(式年武科)에서 병과(丙科)로 급제했다. 병과는 오늘날 중사쯤 되는 계급이다. 이때 그의 나이 31세였으며, 임진왜란을 16년 앞둔 시점이었다. 그의 일생 전체가 그러했지만, 그때부터 부침이 심하고 순탄치 않은 관직 생활이 시작되었다. 급제한 해 12월 맡은 첫 직책은 함경도 삼수(三水)에 있는 동구비보(董仇非堡)의 권관(權管: 종9품)이었다. 이순신은 그곳에서 3년 동안 근무했다. 임기 만료 후 1579년 2월 한양으로 올라와 훈련원 봉사(奉事: 종8품)가 되었다. 변방에서는 거친 환경이 힘들었지만, 이번에는 사람 때문에 불운을 겪었다. 병조정랑(兵曹正郞: 정5품) 서익(徐益)이 가까운 사람을 특진시키려고 하자 이순신은 반대했다. 이 일로 이순신은 8개월 만에 충청도절도사(忠淸道節度使)의 군관으로 좌천된 것이었다.

이순신을 상징하는 가장 대표적인 면모는 원칙을 엄수하는 강직한 행동이다. 이 사건으로 처음 표출된 그런 자세는 일생 내내 그를 크고 작은 곤경에 빠뜨렸다. 그러나 『징비록』에서 유성룡이 "이 사건 때문에 사람들이 이순신을 알게 되었다"라고 썼듯이, 그런 현실적 불이익은 역설적으로 그의 명성을 조금씩 높였다.

서익 사건으로 이름이 알려지기 시작했기 때문인지 얼마 뒤 이순신은 파격에 가까운 승진을 한다. 1580년 7월 지금의 전라남도 고흥군인 발포(鉢浦) 수군만호(水軍萬戶: 종4품)로 임명된 것이다. 이때 처음으로 수군에 배치되었다. 직속상관인 전라좌수사(全羅左水使) 성박(成鎛)이 거문고를 만들려고 발포 객사의 오동나무를 베어 가려고 하자 이순신이 관청 물건이라고 제지한 유명한 일화는 이 시기 사건이었다.

특별한 인사조치가 뒤따르지 않은 것으로 보아 이 항명은 큰 문제 없이 넘어갔다고 판단된다. 하지만 서익과의 악연이 다시 불거졌다. 서익은 병기 상태를 점검하는 군기경차관(軍器敬差官)으로 발포에 내려왔다. 사감이 있었던 서익은 이순신이 병기를 제대로 보수하지 않았다고 보고한다. 고속 승진했던 이순신은 1581년 5월 두 해 전의 관직인 훈련원 봉사로 다시 강등되었다.

말직이지만 중앙에서 근무하게 된 그에게 이때 중요한 기회가 찾아올 뻔했다. 율곡(栗谷) 이이(李珥)가 이순신을 한번 만나보고 싶어 한 것이다. 당시 이이는 이조판서(吏曹判書: 정2품)였다. 그러나 유성룡에게서 그런 의사를 전해 들은 이순신은 거절했다. 이이가 같은 덕수 이씨 가문이므로 만나도 괜찮겠지만, 지금은 그가 인사권을 행사하는 중직에 있으므로 만나지 않겠다고 했다. 이조판서가 변방과 중앙을 오가며 부침을 거듭하고 있던 같은 가문의 종8품 말단 무관을 만나면 부적절한 정실의 개입이 있을지 모른다는 판단이었다. 이순신의 태도는 확실히 범인의 경지를 넘는 것이었다.

그렇게 훈련원에서 2년 넘게 근무한 뒤 이순신은 다시 강등되어 변방으로 배치되었다. 1583년 10월, 함경북도 경원(慶源)에 있는 건원보(乾原堡) 권관으로 나간 것이다. 그러나 그때 발생한 여진족의 침입에서 그는 우두머리를 생포하는 전공을 세워 한 달 만인 11월 훈련원 참군(參軍: 정7품)으로 귀경하게 되었다. 그러나 이런 작은 행운은 오래 가지 않았다. 같은 달 15일 아버지 이정이 아산에서 세상을 떠난 것이다. 3년 상을 치르고 1585년 1월 사복시(司僕寺) 주부(主簿: 종6품)로 복직했다. 하지만 유성룡의 천거로 16일 만에 함경북도 경흥(慶興)에 있는 조산보(造山堡) 만호로 특진해 다시 변방으로 나갔다. 1년 반 뒤인 1587년 8월에는 녹둔도(鹿屯島) 둔전관(屯田官)을 겸임하게 되었다. 녹둔도는 지금 두만강 하구에 있는 섬이다.

　1587년 조산보 만호 시절 첫 번째 백의종군(白衣從軍)을 하는 불운을 겪게 된다. 그해 가을 여진족이 침입해 아군 11명이 전사하고 군사와 백성 160여 명이 납치되었으며 말 15필이 약탈되는 사건이 일어났다. 이때 이순신은 경흥부사 이경록(李慶祿)과 함께 여진족을 격퇴하고 백성 60여 명을 구출했다. 승패가 모호한 전투였으나 함경북도 병마절도사(兵馬節度使) 이일(李鎰)은 이 전투를 패전으로 간주하고 두 사람을 모두 백의종군에 처했다. 이순신의 생애에서 첫 번째 백의종군이었다. 그러나 명예는 곧 회복할 수 있었다. 이순신은 1588년 1월 이일이 2,500명의 군사를 이끌고 여진족을 급습해 가옥 200여 채를 불사르고 380여 명을 죽인 보복전에 참전해 전공을 세워 백의종군에서 벗어났다.

　1589년 2월 전라도순찰사(全羅道巡察使) 이광(李洸)의 군관으로 복직되었다가 10월 선전관(宣傳官)으로 옮겼고 12월 정읍(井邑) 현감(縣監: 종6품)에 제수되었다. 1590년 7월에는 유성룡의 추천으로 평안도 강계도호부(江界都護府) 관내의 고사리진(高沙里鎭) 병마첨절제사(兵馬僉節制使: 종3품)에 임명되었다. 이번에도 앞서 만호 임명 때와 비슷한 파격 승진이었는데, 대신들과 삼사(三司)의 반대로 취소되었다. 한 달 뒤 다시 평안도 만포진(滿浦鎭) 병마첨절제사에 제수되었지만 역시 대신들의 반대로 무산되었다.

그러나 1591년 2월 진도(珍島) 군수(郡守: 종4품)에 임명되었다가 부임 전에 지금의 완도(莞島)인 가리포(加里浦) 수군첨절제사(水軍僉節制使: 종3품)로 옮겼으며, 다시 며칠 만인 2월 13일 전라좌도(全羅左道) 수군절도사(水軍節度使: 정3품)에 제수되었다. 이런 파격 인사에는 유성룡의 역할이 결정적이었다. 유성룡은 선조에게 이순신을 강력히 천거했다. 반대가 극심했으나 선조는 유성룡을 믿고 이순신의 전라좌수사 임명을 결행한다.

이때 이순신의 나이 46세, 임진왜란을 14개월 앞둔 시점이었다. 그러니까 그는 무과에 급제한 지 15년 동안 한 번의 백의종군을 포함해 여러 곤경과 부침을 겪은 끝에 수군의 주요 지휘관에 오른 것이었다. 조선의 운명이 달린 거대한 국난이 코앞에 닥친 순간에 그가 북방의 말단 장교가 아니라 남해의 수군 지휘관이 되었다는 사실은 참으로 조선의 천복이었다.

임진왜란이 발발하다

1592년 4월 14일 일본군의 침입으로 임진왜란이 발발했다. 일본의 20만 대군이 침입해 왔다는 급보가 전라좌수영 (全羅左水營)에 전달된 것은 이틀 뒤였다. 해질 무렵 경상우수사(慶尙右水師) 원균(元均)으로부터 왜선 350여 척이 부산 앞바다에 정박 중이라는 통보에 이어 부산과 동래가 함락되었다는 급보가 들어왔다. 그때 부산 앞바다의 방어를 맡은 경상좌수영(慶尙左水營)의 수군은 왜군 선단을 공격하지도 않았다. 경상좌수사(慶尙左水師) 박홍(朴泓)은 부산이 함락된 뒤에야 예하 장졸을 이끌고 동래 방면에 당도했으나 동래가 함락되는 것을 보고는 군사를 돌려 육지로 도망했다.

거제도에 근거를 둔 우수사 원균도 적이 이르기도 전에 싸울 용기를 잃고 접전을 회피함으로써 일본군은 조선 수군과 한 번 싸우지도 않고 제해권을 장악했다. 이러한 소식을 접한 이순신은 즉시 전선을 정비하고 임전 태세를 갖추었다. 하지만 적을 공략하기에 앞서 전황을 면밀히 분석했다. 그의 휘하 전 함대는 4월 29일 수영 앞바다에 총집결하여 매일 작전 회의가 열리고 기동 연습도 강행하여 완전한 전투태세를 갖춘다. 그는 총지휘관으로 5월 2일 기함에 승선했다. 그 후 서해 진출을 도모하는 일본 수군과 결전을 벌인다. 이순신은 옥포(玉浦), 노량(露梁), 당항포(唐項浦) 해전에서 연전연승하여 자헌대부(資憲大夫)로 승품(陞品)되었다.

한산도대첩으로 제해권을 장악하여 조선을 구하다

이순신 장군은 선제공격으로 거제·가덕에 출몰하는 일본 수군을 격멸하기 위해 전라우수사(全羅右水師) 이억기(李億祺)에게 작전 계획을 전달하고 연합함대를 조직했다. 1592년 7월 6일 전라좌우수영 군이 일제히 출동한 뒤 노량 해상에서 경상우수사 원균의 전선 7척과 합세했다. 이때 일본군은 해전에서의 패배를 만회하기 위해 병력을 증강하여 견내량(見乃梁)에는 적장 와키자카 야스하루(脇坂安治) 등이 이끄는 대선 36척, 중선 24척, 소선 13척이 정박하고 있었다.

7월 8일 이른 아침, 이순신은 거제도의 목동 김천손으로부터 왜선 70여 척이 거제와 고성의 경계인 견내량에 있다는 정보를 입수하고 출동했다. 이순신 장군은 견내량 지형이 매우 좁고 암초가 많아 판옥선끼리 서로 부딪칠 것 같아서 전투하기가 곤란하다고 보았다. 거기에다 왜군은 형세가 불리해지면 기슭을 타고 육지로 올라갈 우려가 있었다.

이에 그는 일본 함대를 한산도 앞바다로 끌어내어 전투를 벌이고자 했다. 이순신은 판옥선 5, 6척으로 왜군을 공격하여 총공격하는 것으로 보이게 하여 적을 앞바다로 유인하는 작전을 펼쳤다. 이 작전에 넘어간 일본 수군은 돛을 올리고 조총을 쏘며 쫓아왔다. 이에 조선 수군은 퇴각하는 것처럼 바깥 바다로 나온 후, 후퇴하는 속도를 조절하여 적선이 일렬로 서도록 유도했다. 그 후 판옥선에 급선회 명령을 내려 적을 좌우에서 포위하는 학익진(鶴翼陣)을 펼치면서 적선에 일제히 포격을 가했다. 거북선이 적진에 돌격하여 전열을 흐트려놓고, 모든 전선에서 각종 화포와 화전을 발사하여 일본 수군의 전선을 격파했다. 일본 수군은 창졸간에 기습을 당한 상태에서 조선 수군의 월등한 총통(銃筒) 화력에 층각선(層閣船) 7척, 대선 28척, 중선 17척, 소선 7척을 격파당했다.

한산도까지 파죽지세로 서진하던 일본 수군은 이순신의 회심의 일격에 패하여 제해권을 완전히 상실하게 된다. 이후 일본 수군은 서해 진출을 포기한다. 이 싸움에서 와키자카의 가신(家臣) 와키자카 사베에(脇坂左兵衛)·와타나베 시치에몬(渡邊七右衛門)을 비롯하여 이름 있는 자들이 전사했다. 이순신은 이 한산도대첩의 공으로 정헌대부(正憲大夫: 정2품)에 승계(陞階)했다.

이순신은 한산도대첩으로 일본 수군의 서해 진출을 막았다. 이로써 후방을 차단당한 왜군은 결국 평양까지 진출한 지상군의 공격 기세가 꺾인다. 이순신은 한산도대첩으로 조선을 구한 것이다.

정유재란이 시작되고 모함으로 실각하다

이순신은 한산도대첩 이후 다시 부산과 웅천의 적 수군을 궤멸하고 남해안 일대의 일본 수군을 완전히 소탕했다. 조선 수군이 제해권을 완전히 장악한 결과 일본 수군의 서진은 전면 불가능해졌다. 도요토미 히데요시의 수륙병진 전략은 실패로 돌아갔다. 그 후 이순신은 한산도로 진을 옮겨 본영으로 삼았으며 최초로 삼도수군통제사(三道水軍統制使)가 되었다.

1597년 명·일 간의 강화회담이 깨어지자 본국으로 건너갔던 왜군이 다시 침입하여 정유재란이 일어났다. 그러자 이순신은 적을 격멸할 기회가 다시 왔음을 기뻐하고 싸움에 만전을 기했다. 그러나 그는 원균의 모함과 왜군의 모략으로 옥에 갇히는 몸이 되었다. 고니시 유키나가(小西行長)의 부하로 이중간첩인 요시라(要時羅)라는 자가 경상우병사 김응서(金應瑞)에게 가토 기요마사(加藤淸正)가 어느 날 바다를 건너올 것이니 수군을 시켜 사로잡으라고 은밀히 알려왔다. 조정에서는 통제사 이순신에게 이 작전을 실행하라고 명령을 내렸다. 이순신은 이것이 적의 흉계인 줄 알면서도 부득이 출동했으나, 가토는 이미 수일 전에 서생포(西生浦)에 들어온 뒤였다.

경상우수사 원균이 이순신을 모함하는 상소를 올렸다. 선조는 돌아가는 실정을 정확하게 파악하지 못한 채 원균의 상소만 믿고 크게 노했다. 선조는 이순신이 명령을 어기고 출전을 지연한 죄를 물었다.

두 번째 백의종군을 하다

1597년 1월, 그의 일생에서 가장 크다고 할 만한 고난이 닥쳤다. 그는 일본군을 공격하라는 국왕의 명령을 따르지 않았다는 죄목으로 파직되어 서울로 압송되었다. 서울로 압송된 그는 이미 해전에서 혁혁한 공을 세워 나라를 위기에서 구했지만, 그러한 공로도 아랑곳없이 가혹한 고문이 이어졌다. 죽음 직전에서 그는 우의정(右議政) 정탁(鄭琢)의 변호로 간신히 목숨을 건졌다. 그해 4월 1일 백의종군의 명령을 받고 풀려난 이순신은 도원수(都元帥) 권율(權慄)의 막하(幕下)로 들어가 두 번째 백의종군을 하게 되었다. 그날의 『난중일기』는 다음과 같다.

초 1일 신유(辛酉). 맑다. 옥문을 나왔다. 남문 밖 윤간(尹侃)의 종의 집에 이르러 조카 봉(菶)·분(芬), 아들 울(蔚), 윤사행(尹

士行)·원경(遠卿)과 같은 방에 앉아 오랫동안 이야기했다. 지사 윤자신(尹自新)이 와서 위로하고, 비변랑 이순지(李純智)가 와서 만났다. 지사가 돌아갔다가 저녁을 먹은 뒤에 술을 가지고 다시 왔고, 윤기헌(尹耆獻)도 왔다. 이순신(李純信)이 술을 가지고 와서 함께 취하며 위로해주었다. 영의정[유성룡], 판부사 정탁(鄭琢), 판서 심희수(沈喜壽), 이상(貳相: 찬성) 김명원(金命元), 참판 이정형(李廷馨), 대사헌 노직(盧稷), 동지(同知) 최원(崔遠), 동지 곽영(郭嶸)도 사람을 보내 문안했다.

이순신은 자신의 감정을 최대한 배제하고 사실만을 적었다. 승전을 거듭해 나라가 망하는 위기를 극복했지만, 충분한 근거 없이 갑작스레 압송되어 혹독한 고초를 겪은 사람에게서 상상할 수 있는 고통과 억울함과 분노는 철저하게 배제되어 있다. 그는 오직 사실에 입각해 사고하고 행동했다. 그의 승리의 원동력과 위대함은 바로 이런 절제력에 있었다.

명량대첩으로 조선을 두 번 구하다

소강상태였던 전쟁은 정유년(1597)에 재개되었다. 이순신이 제거되었다고 생각한 왜군이 다시 공격을 해 온 것이다. 그해 7월 이순신 대신 삼도수군통제사가 된 원균이 칠천량 (漆川梁) 해전에서 대패하면서 조선 수군은 궤멸되었다. 내 륙에서도 일본군은 남원(8월 16일)과 전주(8월 25일)를 함락한 뒤 다시 서울로 진격하고 있었다. 해상에서는 서해로 왜선이 물밀듯이 밀려왔다. 선조는 하루 뱃길의 거리에 완전히 무방 비 상태로 있었다. 이제 조선의 운명은 풍전등화였다.

전황이 급속히 악화되자 이순신은 백의종군 도중 다시 삼 도수군통제사로 임명되었다(8월 3일). 임명 교서에서 국왕은 "지난번에 그대의 지위를 바꿔 오늘 같은 패전의 치욕을 당 했으니 무슨 할 말이 있겠는가"라고 했다. 그때 그에게 남아 있던 전력은 판옥선 12척이 전부였다.

그러나 이순신은 실망하지 않고 조정의 만류에도 불구하 고 해상에서 적을 맞아 싸우기로 결심했다. 그는 수군을 폐 하라는 선조의 교지에 대해 "신에게는 아직 12척의 전선이 남아 있습니다. 소신이 살아 있는 한 왜군은 감히 함부로 하 지 못할 것입니다"라고 장계를 올린다. 참으로 그가 아니면 할 수 없는 말이었다. 최악의 상황에서 이처럼 당당하고 자 신에 찬 말을 할 수 있는 장수가 과연 얼마나 될까? "아직 12척의 전선이 남아 있습니다"라는 말은 조선 함대가 아직 존재한다는 뜻이고 판옥선에 대한 믿음의 표현이었다. "소신이 살아 있는 한 왜군은 감히 함부로 하지 못할 것입니다"
라는 말은 자신을 향했던 선조의 칼에 대한 완곡한 원망, 조
선 함대 그 자체인 나는 패하지 않았다는 절규였다.

그랬다. 이순신이 살아 있는 한 조선 수군 또한 살아 있었
던 것이다. 전장에서 지휘관은 부대 그 자체다. 지휘관의 말
한 마디, 눈빛 하나는 그대로 전군에 전파된다. 전장에서 지
휘관의 의지와 자신감은 부대의 전투력 그 자체가 되는 것
이다.

리델 하트(Liddell Hart)는 그가 편집한 『로멜 전사록(The
Rommel Papers)』(1953) 서문에서 "로멜의 지휘력은 마치 전류
처럼 최말단 병사들에게 순식간에 전파되어 기적 같은 전투
력을 만들어내곤 했다"라고 썼다. 울돌목(명량해협)에서 이순
신 장군의 존재는 바로 이와 같았다. 그가 나타나는 것만으
로도 그것이 곧 사기가 되고 전투력이 되었다. 백성들이 그
를 따르고 흩어졌던 병사들이 모여들었다. 백성들은 삼도수
군통제영을 만들고, 도공들은 장군에게 검을 만들어 바치는
영광을 간절히 구했다.

한 번 휘둘러 쓸어버리니 피가 산과 내를 물들인다(一揮掃蕩
血染山河).

도공들이 만들어 바친 검에 새겨진 검명(劍銘) 중 하나다. 이순신은 여기에 염(染) 자를 넣었다. 염은 공(工)이고 술(術) 이다. 장군은 전쟁의 술을 아는 사람이었다. 승기를 포착하고, 적의 약점을 읽으며, 끈질기게 기다리다 결정적인 순간에 전광석화처럼 단호하게 행동하는 냉철한 전략가였다.

9월 16일 아침, 드디어 명량에서 운명적인 결전이 벌어졌다. 일본 수군은 조류를 타고 울돌목을 지나 넓은 바다로 나왔다. 압도적인 적의 군함을 보자 모두 겁에 질려 뒤로 주춤주춤 물러났다. 전라우수사 김억추(金億秋)는 800미터 뒤로 빠졌다.

이에 이순신 장군은 몸소 대장선을 이끌고 지자총통, 현자총통을 쏘면서 싸움을 걸었다. 왜선들이 이순신 장군의 배를 에워 쌓으나 근접하지 못했다. 주위를 돌아보니 여러 장수들의 배가 먼 바다로 물러가 이순신 장군의 전투를 바라만 보고 있었다. 위기의 순간이었다. 이순신 장군은 영각을 불고, 중군령을 내리게 하는 기를 세우고, 초요기를 세웠다. 그러자 거제 현감 안위(安衛)의 배가 오고, 이어서 중군장 김응함(金應諴)의 배가 다가왔다.

"안위야, 군법에 죽고 싶으냐? 도망간다고 어디서 살 것이냐?" (…) "너는 중군으로 멀리 피하고 대장을 구하지 않으니 어찌 죄를 면할 것이냐?"

이순신에게 호된 꾸지람을 들은 두 사람은 배를 이끌고
앞으로 나서고, 혼전 끝에 장군의 배와 함께 적선 3척을 격
침시킨다. 그 배에 적장 마다시(馬多時)가 있었다. 바다에서
마다시의 시체를 끌어올려 토막 내니 드디어 적의 기세가 꺾
였다. 이에 뒤에 있던 배들이 사기충천하여 싸움에 합류한다.
전투는 하루 종일 계속되었다. 정오에 조류가 바뀌었다.
적장을 잃고 사기가 떨어진 적은 조류가 바뀌자 물러나기에
바빴다. 조선 수군이 직접 격파한 왜선은 30여 척이었다. 뒤
에 있던 나머지 적선들은 조류가 바뀌면서 스스로 물러나는
과정에서 서로 부딪치고 엉켜서 무력화되었다. 이후 일본 수
군은 서쪽으로 진출할 생각을 하지 못했다. 죽은 줄 알았던
이순신이 거기 있었던 것이다.
전쟁 중 그나마 선조가 잘한 일은 장군을 해치지 않고 백
의로나마 전장에 돌려보낸 것이다. 풍전등화 같던 조선은 임
진왜란에 이어 다시 한 번 이순신의 손에 의해 살아났다.

노량 해전에서 순국하다

1598년 11월 19일, 이순신은 노량에서 퇴각하기 위해 집결한 500척의 적선을 발견했다. 그는 싸움을 피하려는 명나라 수군 제독 진린을 설득하여 공격에 나섰다. 그는 함대를 이끌고 물러가는 적선을 향해 맹공을 가했다. 조선군을 감당할 수 없었던 일본군은 많은 사상자를 내고 전선을 잃었다. 그러던 중 선두(船頭)에서 독전하던 이순신이 적의 유탄에 맞았다. 장군은 죽는 순간까지 "싸움이 바야흐로 급하니 내가 죽었다는 말을 삼가라" 하고 눈을 감았다. 이로써 거대한 전란과 그 전란의 가장 중심에 있던 인물의 생애가 동시에 끝났다. 1598년(선조 31) 11월 19일, 이순신은 노량 해전에서 전사했고, 왜란도 종결되었다.

이순신은 1604년(선조 37) 선무(宣武) 1등공신과 덕풍부원군(德豊府院君)에 책봉되고 좌의정에 추증되었다. 1793년(정조 17)에는 다시 영의정이 더해졌고 2년 뒤에는 그의 문집인 『이충무공전서(李忠武公全書)』가 왕명으로 간행되었다. 현대에 와서는 1960년대 후반부터 서울의 중심인 세종로에 동상이 세워져 한국사에서 가장 중요한 위인으로 전 국민의 존경을 받고 있다.

이순신 장군은 용장이었다

흔히들 이순신 장군을 조선 제일의 지장(智將)이라고 한다. 과연 그는 지장일까? 아니다. 감히 단언하건대, 그는 세계 최고의 용장(勇將)이었다.

동서양의 모든 장재론(將才論)의 핵심은 '용장이냐, 아니면 지장이냐'다. 필자는 용기가 장재의 핵심이라고 생각한다. 용기에는 2가지가 있다. 하나는 도덕적 용기고, 다른 하나는 육체적 용기다. 장수에게 필요한 것은 도덕적 용기다. 도덕적 용기는 장수가 부대를 지휘하고 부하들을 이끌어감에서 모든 것을 책임지고, 자기를 극복하고, 관리의 도리를 지키는 것이다. 또한 전쟁을 결심하고 지도하는 군왕에게 군사적으로 가능한 것과 불가능한 것을 분명하게 밝혀 올바른 결정을 내리게 하는 것이다.

이순신은 세계의 명장들 중 어느 누구도 비교할 수 없는 도덕적 용기를 보여주었다. 첫째, 그는 벼슬살이에서 강직함으로 용기를 보여주었다. 이순신 장군인들 처가살이 10여 년만에 겨우 들어선 늦은 벼슬길에 하루라도 빨리 승진하고 싶지 않았겠는가? 그러나 그의 벼슬살이 어디에도 승진을 위해 관리의 도리를 굽힌 흔적이 없다. 옛날이나 지금이나 관리 생활은 인간관계 운운하면서 연줄을 찾아 헤매는 것이

보통이다. 그는 이미 당상관이 될 나이를 훨씬 지난 때에 종 9품 벼슬살이를 시작하면서도 이런 방면에는 눈길 한 번 주지 않았다. 당시 판서 벼슬을 하던 같은 집안 사람인 율곡이 사람을 보내어 보자고 했을 때도 오해를 살까 봐 피했다. 어떻게 보면 바보 같을 정도로 정직하고 바른 관리의 도리를 고집한 것이다.

둘째, 그는 군율 집행에서 잔혹하다 싶을 정도의 냉정함으로 용기를 보여주었다. 『난중일기』 곳곳에는 군율을 어긴 장졸들을 참수하는 장면이 나온다. 특히 혹독한 훈련과 굶주림에 견디다 못해 탈영한 장졸들을 처형할 때의 냉혹함은 그를 인정머리 없는 장군으로 낙인찍기에 충분하다. 그러나 그는 그것이 나머지 병사의 목숨을 구하는 길임을 잘 알았기 때문에 죽을힘을 다해 용기를 발휘한 것이다.

셋째, 그는 임금에게 "아닙니다" 또는 "안 됩니다"라고 말하는 용기를 보여주었다. 대개의 경우 장군은 그 결과를 알면서도 '임금의 뜻이다' 하고 따르는 것이 통례다. 그러나 이것은 국가에 대해, 백성에 대해 책임을 져야 하는 장군 이순신에게는 용납되지 않는 것이었다. 그리하여 이순신은 부산포를 급히 쳐서 자신이 몽진 중인 의주 일대의 왜군의 압력을 약화시키라는 선조의 명에 "아직 때가 아닙니다"라고 말했다. 요시라의 간계에 빠진 선조가 부산 앞바다에 나가 일본에서 건너오는 가토 기요마사를 잡으라는 선조의 교지에도 "함대의 안위를 보장받을 수 없습니다"라며 출병을 거부한다. 겨우 12척의 배로는 1,000척에 육박하는 일본 함대의 서진을 막을 가망이 없다고 판단한 선조가 수군을 폐하고 육군에 합류하라고 지시했을 때도 "뱃길을 내주는 것은 조선이 망하는 길"이라며 거부한다.

　이런 면에서 이순신은 지장이 아니었다. 이순신은 용장이었다. 자기를 이기고, 임금의 칼을 이기며, 오직 그의 칼을 적에게만 겨누었던 한없이 순수하고 정직하고 우직했던 용장이었다. 그는 조선의 답답하고 우울한 역사에 불어 닥친 한줄기 시원한 바람이었다.

이순신은 어떻게 23전 23승을 할 수 있었는가?

　이순신 장군은 7년간 전승을 했다. 23전 23승을 거둔 해전은 다음과 같다.

1. 옥포 해전
2. 합포 해전
3. 적진포 해전

4. 사천 해전

5. 당포 해전

6. 제1차 당항포 해전

7. 율포해전

8. 한산도대첩

9. 안골포 해전

10. 장림포 해전

11. 화준구미 해전

12. 다대포 해전

13. 서평포 해전

14. 절영도 해전

15. 초량목 해전

16. 부산포 해전

17. 웅포 해전(제2차 웅포 해전 포함)

18. 제2차 당항포 해전

19. 장문포 해전(영등포 해전 포함)

20. 명량대첩

21. 절이도 해전

22. 예교 해전(장도 해전)

23. 노량 해전

도대체 어떻게 이런 전과를 거둘 수 있었을까?

첫째, 정보 우세를 통해 기습을 달성했다. 이순신 장군은 여러 수단을 적극 운용하여 적의 동태를 24시간 파악했다. 『난중일기』에는 전투가 시작되기 전에 "망군, 망선이 돌아왔다"라는 기록이 자주 보인다. 육지에서도 백성들의 보고, 첩자들의 적극적인 운용, 망대의 감시 등을 통해 적정을 파악했다. 그는 24시간 적의 동태를 감시하는 체제를 유지했다. 먼 바다에 정찰선을 띄우고, 경계를 엄하게 세우며 적의 예상되는 행동을 파악하기 위해 촉각을 세웠다. 예하 부대를 항상 긴장 속에서 명령을 기다리며 긴장감을 유지하게 한 것이다. 이런 정보 우세를 이용하여 먼저 보고 한 발 빠르게 행동했다. 정보 우세를 유지하고, 이를 바탕으로 적보다 빠르게 결단을 내리고 기습을 달성한 것이다.

둘째, 상황에 맞게 역동적으로 전술 대형을 적용하고, 절대적으로 유리했던 함포 화력을 효과적으로 운용했다. 한산도대첩에서는 학익진을 사용했다. 판옥선의 우수한 함포 화력을 효과적으로 이용할 수 있는 대형이었다. 이순신 장군은 좁은 해로를 지나 넓은 해상으로 나오는 일본 군함을 양익 포위 개념인 학익진으로 감싸 안아 섬멸했다. 부산포 해전에서는 장사(長蛇: 종대) 돌진 대형을 사용했다. 거북선의 방호력과 심리적인 충격을 활용한 것이다. 명량대첩에서는 일자

진을 사용했다. 일종의 배수진이었다. 적보다 우수한 함포를 최대한 활용하려 한 것이다. 이처럼 상황에 따라 적절한 전술을 구사한 것이다.

당시 거북선과 판옥선에는 천자총통·지자총통·현자총통·황자총통·별황자총통 등의 대형 화포가 장착되어 있었다. 판옥선에는 최대 24문의 화포를 설치할 수 있었다. 이에 반해 일본 전함 아타케부네(安宅船, 아다케)는 겨우 2문의 화포만 설치할 수 있었다. 판옥선과 화포의 우수성은 해전에서 조선 수군이 함포 전술을 펼치는 데 결정적인 강점으로 작용했다.

일본 수군은 예로부터 전해 온 고유의 등선육박 전술(登船肉薄戰術)을 사용했다. 이 전술은 선박 위로 뛰어들어 개인 휴대무기를 이용하여 적을 살상하는 백병전이었다. 이것은 약탈 선박의 선원을 살해하고 물품을 빼앗기 위한 왜구의 전술에서 유래한 것이다. 이후 16세기 중반 조총이 전래되면서 기존 전술 외에 조총을 활용한 사격 전술이 추가되었으나 전체적인 전술 변화는 크지 않았다.

이에 반해 조선 수군은 대형 전함의 전후좌우에 장착된 각종 대형 화포를 바탕으로 함포 전술을 구사했다. 특히 조선군의 화포는 일본군의 조총에 비해 사거리가 월등히 길었기 때문에 원거리에서 이격된 상태에서도 적을 공격할 수 있었다. 일본군의 등선육박전을 무력화시켰던 것이다. 그 결과 육전과는 다르게 해전에서는 조선 수군이 절대적인 우위를 점할 수 있었던 것이다.

셋째, 부하들을 하나로 만드는 카리스마 리더십을 발휘했다. 이순신 장군은 역설적으로 엄격한 군율 집행을 통해 군의 기강을 잡았다. 멸사봉공의 자세로 오직 군의 전투력과 사기를 유지하기 위해 엄격하게 군율을 집행한다. 『난중일기』에 보면 건조한 필체로 "오늘 누구를 군율 위반으로 효수했다"는 구절이 심심치 않게 등장한다. 다른 한편 그는 부하들과 인간적으로 소통했다. 사령관으로서 면이 깎이지 않는 범위에서 부하들과 생사고락을 같이하고, 인간적으로 따듯하게 품어 안는 모습을 보였다. 귀천을 가리지 않는 무과 시험을 실시하여 인재를 등용했다. 그가 나타나면 사람이 모이고 힘이 나는 카리스마를 발휘했다. 그 결과 단지 원균에서 이순신으로 지휘관이 교체되는 것만으로 패전의 군대가 승전의 군대로 바뀌었다.

13벌의 갑옷으로
청을 건국한 누르하치

장수만 잡으면 나머지는 모두 흩어지고 말 것이다.

-누르하치

변방 소수민족이 중원에 대제국을 건설하다

17세기 새로운 중국의 역사를 연 청(淸)나라를 세운 것은 변방의 여진족(女眞族)이었다. 그때까지 여진족은 한족(漢族)으로부터 오랑캐라고 멸시당했다. 13세기 한때 여진족은 금(金)나라를 세우고 송(宋)나라를 압박하며 중원을 차지했다. 그러나 칭기즈칸에 쫓기어 다시 만주로 되돌아왔다. 그 후 오랜 세월 중국의 분열 정책으로 하나로 단결되지 못하고 하등 민족 취급을 받았다.

그러나 여진족은 16세기 말 새로운 지도자의 등장으로 만주와 중국 본토를 아우르는 대제국을 건설할 수 있었다. 자신들을 지배하던 한족을 극복하고 268년간 중국 본토를 지배했던 여진족의 나라, 청나라의 기틀을 닦은 사람은 바로 아이신기오로 누르하치(愛新覺羅努爾哈赤: 1559~1626)였다. 누르하치라는 이름은 여진어로 '멧돼지 가죽'이라는 뜻이다. 그는 이름에 걸맞게 멧돼지 같은 힘과 용맹함으로 전장에서 비범한 책략과 놀라운 투혼을 발휘하여 중원의 패자가 되었다.

누르하치가 13벌의 갑옷과 30명의 군사와 함께 만주에서 군사를 일으킨 때는 1583년이다. 이후 누르하치의 청나라는 명(明)나라는 물론 몽골·티베트·신장까지 복속시키며 성장을 거듭했다. 그 결과 청나라는 중국 역사상 손꼽히게 넓은 영토를 다스린 제국이 됐다. 18세기 말 청제국의 영토는 약 1,315만 제곱킬로미터에 달했다. 명나라의 두 배가 넘고, 오늘날 중화인민공화국 영토(965만 제곱킬로미터)보다 훨씬 더 넓었다.

청은 268년간 중국을 지배한 장수 왕조이기도 했다. 중국 역사상 중국 전체를 지배한 나라로 200년을 넘긴 경우는 당(唐)나라와 청(淸)나라 둘밖에 없다. 한(漢)나라는 사실상 성격이 다른 전한(前漢)과 후한(後漢) 두 왕조의 존속 기간을 합친 것이다. 몽골족의 원(元)나라는 남송을 정복하고 중국 전체를 지배한 기간이 100년도 안 된다.

한족의 50분의 1에 불과했던 만주족(滿洲族: 누르하치가 여진족에서 만주족으로 이름을 바꾸었다)이 어떻게 중국을 그토록 오래 통치할 수 있었을까? 그 대답은 누르하치의 건국과 통치 방식에서 찾아야 한다. 첫째는 지도층의 솔선수범과 능력 중심 인사였다. 누르하치부터 홍타이지(皇太極: 숭덕제崇德帝)·강희제(康熙帝)·옹정제(雍正帝)·건륭제(乾隆帝) 같은 유능한 지도자들이 그러했다. 적장자(嫡長子) 계승 원칙을 따른 명나라와 달리 청나라는 계승 후보자 중 가장 유능한 인물을 골랐다. 둘째는, 일당백의 팔기군(八旗軍)이라는 지배 도구였다. 팔기군은 강력한 단결력과 충성심으로 청 지배의 절대 병기 역할을 했다. 셋째는 한화(漢化)를 통해 중국보다 더 중국적인 방식으로 유기적인 통합을 달성했다. 중국의 제도와 문물을 적극 받아들이고 한인을 차별하지 않는 등 한화 정책을 펼쳤다. 구범진 교수는 『청나라, 키메라의 제국』에서 청제국의 형성 과정을 이야기하면서, 서로 다른 유전 형질을 지닌 세포가 한 생명체 안에 공존하는 '키메라'처럼 청나라는 만주족·몽골족·한족 등 서로 다른 인자가 제국에 합류, 성장했다고 말한다.

누르하치의 절대 병기 팔기군

누르하치를 불세출의 영웅으로 만든 것은 팔기군이라는 기병대 조직이었다. 팔기군은 누르하치의 절대 병기였다. 팔기는 취락 조직과 일치했다. 주민 가운데 아녀자, 노인, 어린이를 제외한 장정 300명을 1니루(牛錄)로 편성하고, 5니루를 1잘란(甲喇), 5잘란을 1구사(固山)로 편성했다. 각 단위부대의 지휘관으로 에젠(額眞)을 두어 각각 니루에젠, 잘란에젠, 구사에젠이라고 했다. 여기서 300명의 장정이 다 병사가 되는 것은 아니었다. 그중 50명 정도가 병사가 되었는데 이들을 갑사(甲士)라고 불렀다.

팔기군은 일종의 군사 세습직으로 평상시에는 생업에 종사하다 유사시에 군인이 되는 조직이었다. 보통 때는 조세, 행정 등의 업무를 관장하다 전쟁이 나면 군대로 편성되는 유목민 특유의 제도였다. 모든 만주족은 팔기 중 하나에 소속되었으며 후에는 몽골족이나 한족으로 구성된 팔기도 창설되었다. 팔기제도는 중국 본토를 차지할 때 강력한 군사력을 발휘했으며 훗날 중국 본토 입성 이후에도 청나라 제도의 중심이 되었다. 만주족만 될 수 있었던 만주팔기는 전투 집단인 동시에 국가에서 모든 복지를 제공해주는 특권계급으로 스파르타의 군사귀족과 비교되기도 한다.

1611년 누르하치는 황·백·홍·남 4가지 색의 기로 군대를 구분하고, 각 군대마다 고유색의 천에 용을 그려 넣어 자체 군대를 상징하는 기로 사용했다. 누르하치는 여진족을 통일한 뒤 사기군(四旗軍)을 팔기군으로 재편하여 싸움마다 승리를 거둔 끝에 중국 대륙을 넘보기 시작한다.

팔기를 각각 지휘하는 구사에젠 위에는 누르하치의 아들들이 왕으로 임명되어 기의 최고 책임자가 되었다. 제2대 태종(太宗) 홍타이지 시대가 되면 정확하게 한 기에 왕이 한 명씩 임명되었지만 태조(太祖) 누르하치 시대에는 그렇지 않아 한 왕이 2개의 기를 맡기도 했다.

팔기는 만주인의 정체성을 유지하게 한 기반이었다. 누르하치는 먼저 만주족을 만주팔기로 묶었고 홍타이지는 몽골족과 한족까지 흡수해 몽골팔기, 한군팔기를 더했다. 1800년까지 최고 지방 관직인 총독은 만주팔기나 몽골팔기 출신이 차지했다. 한인 관료들은 배제됐다. 한인 관료들이 핵심 지배층으로 등장한 것은 19세기 중반 서양 세력 침략과 태평천국(太平天國)의 난에 대응하는 과정에서 실력을 발휘하면서부터다. 팔기군의 8기는 다음과 같다.

정황기(正黃旗)

양황기(孃黃旗)

정백기(正白旗)

양백기(鑲白旗)

정홍기(正紅旗)

양홍기(鑲紅旗)

정람기(正藍旗)

양람기(鑲藍旗)

때를 기다리며 칼을 갈다

누르하치는 건주여진(建州女眞) 출신이다. 명나라 시절 여진족은 거주 지역에 따라 크게 건주여진, 해서여진(海西女眞), 야인여진(野人女眞)으로 구분되었다. 건주여진은 요동에 가까운 조선의 압록강 너머 고구려와 발해의 옛 땅, 즉 오늘날 지린성(吉林省) 지역에 살고 있었고 일찍부터 농경에 종사했다. 해서여진은 과거 중국 본토의 일부를 차지한 금나라 직계로서 오늘날의 헤이룽장성(黑龍江省) 지역에 살았다. 야인여진은 쑹화 강(松花江) 북방 지역에 거주했는데 명으로부터 멀리 떨어져 주로 수렵에 종사하며 살았다.

건주여진은 5부족으로 구성되어 있었는데 그중 누르하치가 속한 부족은 가장 세력이 약했다. 명나라는 금나라에 대한 트라우마가 있었다. 이에 따라 요동 변방에 흩어져 사는 여진족들을 철저하게 경계했다. 금나라를 세운 아구다(阿骨打) 같은 인물이 나타나 여진족을 단결시켜 중국 본토를 위협할까 봐 두려워했던 것이다. 그 결과 중국 본토와 가까운 곳에 위치한 건주여진은 명으로부터 가장 심한 통제를 받았다.

명은 여진족에 대해 최대한 단결하지 못하도록 나누어 통치하는(divide and rule) 분열 정책을 썼다. 그러나 한편으로는 여진족에게 어느 정도 힘을 주어 과거 원나라를 세웠던 북방의 몽골족을 견제하게 했다. 이이제이(以夷制夷)의 외교 방침이 여진과 몽골에 대한 명나라의 입장이었다. 이러한 명나라의 정책으로 여진족은 오랫동안 분열하여 큰 세력을 키우지 못했으나 1,500년대 후반 명나라의 부패와 무능을 틈 타조금씩 세력을 확장했다.

당시 누르하치의 할아버지 기오창가(覺昌安)와 아버지 탁시(塔克世)는 명나라 장수 이성량(李成梁)에게 충성을 바쳐 부족의 명맥을 이어갔다. 이성량은 요동총병(遼東総兵) 자리에 있으면서 명나라를 대표하여 여진족들에게 경제적·정치적으로 큰 영향력을 행사하고 있었다. 거대한 명나라에 대항할 힘이 없었던 누르하치의 할아버지와 아버지는 이성량의 명령으로 같은 여진족을 토벌하는 데 앞장서 명나라로부터 관직을 받기도 했다.

그러나 명나라로서는 여진족은 어디까지나 이용가치가 있는 오랑캐였을 뿐이었다. 이것이 결국 명나라를 위해 전쟁에 나선 누르하치의 할아버지와 아버지가 명나라 군에 의해 피살되는 비극을 낳았다. 1583년 건주여진 출신 아타이(阿台)가 반란을 일으켰고 이것을 진압하는 작전에 기오창가와 탁시 그리고 누르하치까지 투입되었다. 명나라 군은 승기를 잡자 여진족을 무차별 학살했고 이 와중에 기오창가과 탁시도 적으로 오인되어 살해당했다. 명군은 실수라고 했지만 점차 세력을 키워가는 기오창가와 탁시를 의도적으로 제거하려 한 것이 분명했다.

당시 이성량에게 볼모로 잡혀 있던 누르하치는 할아버지와 아버지의 죽음을 직접 목격했으나 제대로 된 항의 한 번하지 못했다. 20대였던 그에게는 아직 명나라에 맞설 힘이 없었기 때문이었다. 대신 그는 원한을 품고서 언젠가 힘을 키워 복수를 할 날을 기다렸다. 누르하치는 훗날 명나라에 선전포고하면서 '일곱 가지 큰 원한(七大恨)'을 공표했는데, 그 가운데 명나라 군사에 의한 할아버지와 아버지의 피살을 가장 큰 원한으로 삼았다. 누르하치라는 이름은 그의 할아버지 기오창가가 지어주었다. 멧돼지 가죽만큼 질기게 뜨거운 것과 차가운 것을 잘 이겨내라는 의미였다고 한다. 누르하치는 그 이름처럼 오랫동안 질기게 한을 숨기고 온갖 뜨겁고

차가운 고난을 이겨내면서 명나라에 대해 복수의 기회를 노리며 칼을 갈았다.

여진족 전체를 통합하고 후금을 세우다

할아버지와 아버지를 잃은 누르하치에게 이성량은 배상금과 아버지 탁시가 받았던 명나라 관직 '도독(都督)' 직함을 주었다. 1583년 조부의 피 값으로 받은 지위와 자산을 바탕으로 누르하치는 군대를 일으켜 복수에 나섰다. 그는 먼저 상대하기 버거운 명나라가 아닌 주변 부족 통합에 군사력을 집중했다.

1586년까지 누르하치 군대는 500~600명 수준이었다. 그러나 1587년 누르하치는 새로운 전기를 맞이한다. 누르하치는 쑤쯔허(蘇子河) 상류에 성을 쌓기 시작했는데 성이 완성된 이듬해 귀순자들이 늘어났다. 그중 훈 강(渾江) 중류 지역에 살던 건주여진 일족인 호호리(何和禮)가 5만 명을 데리고 귀순한 것이다. 이 사건은 누르하치에게 새 나라를 만드는 토대를 제공했다. 이는 마치 조조가 청주병을 얻은 것과 같았다. 1589년 누르하치는 마침내 건주여진 5개 부족 전체를 통일하고 요동을 장악한다.

누르하치의 성장에 놀란 이성량은 그를 회유하기 위해 명나라 정부에 건의하여 용호장군(龍虎將軍)이라는 직함을 내리기도 했다. 높은 관직을 내림으로써 명나라에 순응하게 만들려는 당근과 같은 임시방편이었다. 그러나 이미 성장에 가속도가 붙은 누르하치는 남몰래 명나라에 대항할 힘을 하나하나 비축해가기 시작했다. 겉으로는 명나라에 복종하는 척하면서 때로는 이성량을 이용해 물적 지원까지 받아내며 힘을 키워나갔다.

그즈음 누르하치에게 또 하나의 기회가 다가왔다. 조선에서 임진왜란이 일어난 것이다. 조선에 원병을 보내느라 다급해진 명나라 정부는 이 시기 여진족에 대해 신경 쓸 여력이 없었다. 명나라의 여진족 분열 정책이 느슨해진 틈을 타 누르하치는 주변 여진족들을 하나하나 복속시켜나갔다.

1593년 누르하치의 성장에 놀란 주변 9개 여진족 연합군이 3만 명의 대군으로 세 방향에서 공격해 왔다. 누르하치는 적의 형세를 파악하고 다음과 같은 전략을 구사했다.

적은 임시로 조직된 잡스런 군대일 뿐이다. 장수만 잡으면 나머지는 모두 흩어지고 말 것이다.

누르하치는 적의 우두머리를 잡아 내부 분열을 노리는 전술로 대규모 연합군을 물리쳤다. 이후 백두산 부근까지 영역을 확대해 강력한 패자로 떠올랐다. 이어서 누르하치는 1599년에 해서여진의 하다(哈達), 1607년에는 후이파(輝發), 1613년에는 울라(烏拉)를 병합하여 여진족 대부분을 통일했다.

1616년 때가 왔다고 판단한 누르하치는 마침내 나라를 열었다. 스스로 칸(汗)의 지위에 올라 국호는 금나라의 뒤를 잇는다는 의미에서 후금(後金)으로 지었다. 국호를 금이라고 쓴 것은 전략적인 판단이었다. 400여 년 전 여진족이 세운 금이라는 국호를 씀으로써 동족에게 금에 대한 자부심을 갖게 하고 한족에게는 지나간 남송 시대 역사에 대한 불안감을 증폭시키게 했다. 당시 명나라에서는 "다시 남송의 역사가 되풀이된다"라는 말이 흉흉하게 나돌았다.

사르후 전투에서 명나라에 대승을 거두다

1618년 누르하치는 명나라에 선전포고를 하고 오늘날 랴오닝 성(遼寧省) 북부에 위치한 무순성(撫順城)을 공격했다. 성주 이영방(李永芳)은 별다른 저항 없이 투항하고 말았다. 또 구원하러 온 명군의 총사령관 장승음(張承蔭)이 전사하고,

1만여 명의 군사들이 패주하여 세상을 깜짝 놀라게 했다. 이에 명은 만주족을 정벌하기 위한 동원령을 내리고 심양(瀋陽)에 대군을 파견했다. 이로써 사르후(sarhu) 전투(薩爾滸之戰)의 서막이 올랐다.

사르후 전투는 누르하치가 명나라 대군을 섬멸시킨 싸움이다. 이 전투 결과 명·청 간의 정권 교체가 본격 시작된다. 조조의 관도대전에 버금가는 중요한 사건이었다. 사르후 산과 그 부근에서 일어난 전투여서 사르후 전투라고 부른다.

무순성이 함락되자 명은 양호(楊浩)를 요동총독(遼東總督)에 임명하고 누르하치를 토벌하는 총책임을 맡겼다. 양호는 1618년 6월 산해관을 거쳐 광령에 도착하여 토벌에 필요한 준비를 했다. 양호는 아들 이여백(李如伯)을 요동총병(遼東総兵)으로 기용했다. 산해관총병에는 두송(杜松), 보정총병에는 왕선(王宣), 개원총병에는 마림(馬林), 요양총병에는 유정(劉綎)이 임명되었다. 한편 9월 17일에는 강홍립(姜弘立)과 김경서(金景瑞)가 이끄는 조선 원병 1만 3,000여 명이 도착했다. 여기에 예허(葉赫) 여진 원병 2,000명이 합류했다. 명군은 4개 방면에서 누르하치 군을 집중 공격하기로 작전 계획을 세웠다.

누르하치는 허투알라(老城)에서 명군 전체와 싸우는 것을 피하고, 작전 기동을 통해 각 로의 명군을 각개 격파하고자

명군의 편성

명군 부대	지휘관	병력
좌익 북로군	마림	2만 1,000명
좌익 서로군	두송	2만 1,000명
우익 동로군	이여백	2만 명
우익 동로군	유정	2만 명 (강홍립의 조선군 1만 명 포함)
총수	양호	1,000명

했다. 이를 위해 그는 허투알라 북방에서 첫 번째 공방의 거점이 되는 사르후 산과 맞은편 자이피안 산(吉林崖)에서 명군을 방어하기 위해 장정 1만 5,000명과 호위할 기병 400명을 보냈다. 한편 남로군 진로에 500명의 병사를 보내 유연군을 지연시키고, 1,000명의 병사를 동쪽으로 보내 야인여진의 위협에 대비했다.

1619년 3월 1일 두송의 좌익 서로군만 사르후 근처에 도착했다. 사르후 산과 자이피안 산에서 후금군이 성을 쌓고 있자 두송은 마림의 좌익 북로군이 도착하기를 기다리지 않고 2월 29일 훈허를 건너 사르후 산을 공격했다. 병력이 더

기의 색	기의 왕	구사에젠	병력
정황	칸 누르하치	다루한히야	약 1,000명
양황	칸 누르하치	아돈	약 1,000명
정홍	대왕 다이산	도비	약 1,000명
양홍	대왕 다이산	보루친히야	약 1,000명
정백	4왕 홍타이지	호호리	약 1,000명
양백	4왕 홍타이지	얀구리	약 1,000명
정람	3왕 망굴타이	에이도	약 1,000명
양람	2왕 아민	자이산다	약 1,000명

많았던 두송 군은 사르후 산을 점령한 뒤 2만 5,000명의 병력 중 1만 명을 수비를 위해 남겨두었다. 나머지 주력 1만 5,000명을 자이피안 산 공격에 투입했다. 이런 조급한 공격은 결국 대세를 그르치게 했다. 두송의 욕심이 화를 불렀다.

주력군과 함께 허투알라에 있던 누르하치는 명군의 도착 소식을 듣고, 바로 출발하여 1619년 3월 1일 저녁에 사르후 남쪽에 도착했다. 이때 자이피안 산을 지키던 후금군은 후퇴하여 후방으로 물러나 있었다. 누르하치는 사르후 산에 머물러 있는 적군을 먼저 치고, 자이피안 산의 적 주력군을 세 방향에서 공격하기로 했다. 누르하치는 팔기로 구성된 후금군 주력 중 1기는 자이피안 산의 적 주력을 견제하고 2기는 남쪽에서 접근하는 명군에 대비하도록 한 다음, 자신은 5기를 이끌고 사르후 산으로 가만히 접근했다.

사르후를 선점한 명군은 적군이 후방으로 물러난 부대와 합류하여 자이피안으로 향할 것이라 판단했다. 그 결과 두송군은 후금군의 기습에 속수무책으로 당했다. 누르하치의 5기 6,000명의 기병이 사르후 산으로 돌격했다. 각 기는 왕자들이 직할대 50여 명을 데리고 앞장서 이끄는 대로 쏜살같이 진격했다. 후방이라고 생각하여 긴장을 풀고 있던 명군은 저항다운 저항조차 못 한 채 괴멸되었다. 두송 군은 혼란과 어둠 때문에 화력을 거의 살리지 못했으며 공포에 휩싸인 상태에서 후금군의 근접전에 몰살당했다.

그다음 누르하치는 1기의 치린하다 수비대와 사르후에서 승리한 5기의 주력군, 후방을 지키던 2기의 군대를 모두 동원해 세 방향에서 두송 군 본대를 공격했다. 후방 부대의 괴멸로 자이피안에 있던 명군 주력은 이미 동요하고 있었다. 세 방향에서 들이닥치는 팔기 군대에 두송군은 속수무책으로 무너졌다. 두송과 휘하 주요 장령들이 전사했다.

상간하다 전투

한편 두송의 서로군과 합류하기 위해 북쪽에서 사르후로 향하던 마림의 북로군은 두송이 전사했을 때 사르후 북쪽 상간하다(尚間崖)에 있었다. 1619년 3월 2일 두송 군의 패배 소식을 듣고 마림 군은 상간하다로 후퇴하여 참호를 파고 대포를 설치해 후금군의 공격에 대비했다.

상간하다에 도착한 후금군이 고지를 먼저 점령한 다음 아래쪽 명군의 참호를 공격하자 명군이 맞받아 공격했다. 이어서 후금군 기마대가 공격에 나서 난전이 벌어졌다. 그런데 이때 마림과 사이가 안 좋던 범종안의 후방 부대가 구원군을 보내지 않는 바람에 마림 군은 패했다. 후금군은 기세를 몰아 범종안 군마저 물리쳤다.

마림과 범종안 군의 패배 소식을 들은 예허 여진 원군은 전투를 포기하고 철수해버렸다. 좌익 북로군과 서로군의 패전 소식에 양호는 이여백과 유정, 양군에게 진격을 중지시켰다. 이여백 군은 원래 천천히 가고 있었기 때문에 명령을 전달받고 바로 퇴각했지만, 유정 군은 이미 전장 깊숙이 들어가 있어서 명령을 전달받지 못했다.

아부달리 전투

상간하다 전투가 벌어질 즈음 유정 군은 허투알라 남쪽을 지키던 후금군을 격파하고 계속 북상하고 있었다. 이 정보를 입수한 누르하치는 둘째 아들 다이샨(代善)에게 유정 군을 맞아 싸우게 했다. 3월 4일 다이샨 군은 허투알라 남쪽 아부달리(阿布達裡)에서 유정 군과 맞닥뜨렸다. 다이샨 군에 누르하치의 여덟째 아들 홍타이지 군, 누르하치의 부장 다르한 희야 군이 합세하여 유정 군을 공격했다. 이 전투에서 후금군은 명군을 크게 무찔렀고 적장 유정을 죽였다.

부차 전투

이 무렵 우익 남로군 중 후방 부대와 강홍립이 이끄는 조선군은 문제가 생겨 뒤늦게 출발하는 바람에 아부달리 남쪽 부차(富察)에 이르러 있었다. 승리의 여세를 몰아 다이샨 군은 부차를 향해 진격했다. 후금군이 들이닥치자 조총과 장창으로 무장한 조선군은 방어전을 펼쳤다. 그러나 바람이 심해 화기에 불을 댕길 수가 없었다. 그러자 후금군은 기병대를 동원해 방어선을 무너뜨렸고, 조선군은 장수 김응하가 전사하는 등 큰 피해를 입었고 명군도 치명적인 손실을 입었다.

조선군은 절반인 5,000명만 살아남은 채 후금군에 퇴로를 끊기고 포위되었다. 후금군이 항복하라고 권하자 애초 명나라의 요청으로 출병했던 조선군은 더 이상 무의미한 싸움을 하지 않고 투항했다. 이로써 누르하치는 거의 10대 1이라는 전력 차이를 극복하고 대승을 거두었다.

결과 및 영향

누르하치는 견제와 집중을 기본으로 하면서 우세한 기동력을 십분 발휘해 각개격파로 적을 무찌르는 전술을 구사했다. 누르하치의 병법은 탁월했고 군대는 한 몸처럼 기동했다. 반면에 명군은 수에서는 절대 우세했으나 분산되어 있는 데다 서로 협조하지 않았다. 4로의 군대가 떨어져 있어 연락을 취하지 못했고, 공을 다투어 성급히 나섰다가 각개격파를 허용했다.

사르후 전투 이후 후금군은 명군을 더욱 밀어붙여 개원(開原), 심양, 요양(遼陽)을 잇달아 손에 넣었다. 누르하치는 이제 요동을 차지하고 풍부한 물산을 바탕으로 명나라를 넘볼 수 있게 되었다.

누르하치는 어떻게 명을 무너뜨렸나?

여진의 인구는 명의 2퍼센트에 불과했다. 그나마 명의 억

압 정책으로 곡창지대인 요동에서 쫓겨나 산악 지역에서 수렵으로 근근이 삶을 유지했다. 그런데 그런 그들이 어떻게 중국 전체를 발아래 두고 중국 역사상 몇 손가락에 꼽힐 만큼 크고 오래 지속된 제국을 건설했을까? 그것은 바로 누르하치라는 탁월한 건국자 덕분이었다.

누르하치에게는 금나라의 영광을 재현하려는 거대한 비전이 있었다. 그의 꿈은 요동이 아니라 중원이었다. 그는 『수호전(水滸傳)』『삼국지연의(三國志演義)』 등을 읽으며 포부를 키웠다. 그리고 그 꿈을 실현하기 위해 신중에 신중을 더해 차근차근히 패자의 길을 밟아나갔다.

특히 누르하치의 꿈은 그의 당대에서 멈추지 않고 후손에게 명확히 인계되었다. 설사 다른 문제들이 불거지더라도 온 가문이 대업의 완성이라는 한 가지 목표만은 절대 잊지 않았던 것이다. 이를 위해 장자 계승이 아니라 능력에 따라 후계가 결정되었다. 그래서 자식과 형제를 죽여야 했다. 그의 이러한 정신은 제2대 홍타이지, 제3대 순치제(順治帝)로 변함없이 이어졌다.

누르하치의 열네 번째 아들 도르곤(多爾袞)은 조선의 수양대군(首陽大君)처럼 조카를 죽이고 권좌를 차지할 수도 있었다. 그러나 그러기보다는 아버지 누르하치의 꿈을 이루는 일에 매진했다. 어린 조카 순치제의 섭정으로 끝까지 소임을 다하며 중국 대륙 정복을 완성한 것이다.

누르하치의 힘은 팔기에서 나왔다. 누르하치는 이름만 있었던 팔기제도를 통치의 근간으로 변화시켜다. 민군 일체의 실질적인 조직으로 탈바꿈시킨 것이다. 팔기를 통해 갈래 갈래로 분산되어 있던 여진족이 하나로 결집되었다. 팔기제도 속에서 갑사로 선발된 병사는 사기가 충천했다. 기의 왕들은 항상 선봉에 섰다. 노블레스 오블리주(noblesse oblige)를 보여 주었다.

기병이 중심이 된 팔기군의 전술은 사냥 기술에서 나왔다. 사냥감을 잡기 위해 자유자재로 들고나는 기동성과 유연성을 그대로 팔기군에 응용한 것이다. 사르후 전투에서 보여준 누르하치 군의 기동성과 유연성은 유례가 없는 것이었다. 조조의 관도대전, 독일군이 제1차 세계대전 당시 동부 전선에서 연출한 탄넨베르크(Tannenberg) 섬멸전 등에 전혀 손색이 없었다.

누르하치는 군사 천재의 면모를 보였다. 그는 아랫사람을 장악하는 카리스마를 보유했다. 그의 밑에서 모든 장졸들은 하나가 되었다. 그는 또한 상황을 정확하게 파악하는 군사안(軍事眼)을 보유했다. 그것은 마치 사냥감을 몰아가는 사냥꾼의 천부적인 감각과 같은 것이었다. 무엇보다 그는 솔선수범했다. 그리고 그것을 후손들에게 전수했다.

누르하치는 창업자로서 가화만사성(家和萬事成), 수신제가(修身齊家)를 제대로 해냈다. 칭기즈칸은 밀레니엄맨으로 평가받는 정복자였으나 제가에는 실패했다. 하지만 누르하치는 제가에 성공했다. 칭기즈칸의 원나라는 168년에 그쳤으나 누르하치의 청나라는 268년을 유지했다.

중국의 창업자 마오쩌둥

인민에게 봉사하는 것은 태산보다 더 무겁다.
–마오쩌둥

중국 건국의 아버지 마오쩌둥

마오쩌둥(毛澤東: 1893~1976)은 현대 중국의 '건국의 아버지'다. 오늘날 중국은 G2 국가로 미국과 자웅을 겨루는 강대국이 되었다. 이런 중국을 평가할 때 "마오쩌둥은 나라를 세우고(立), 덩샤오핑(鄧小平)은 나라를 키웠다(生)"라고 한다.

군사적인 측면에서는 간접전략을 완성한 전략가다. 마오쩌둥의 지구전 전략은 군사전략 계보의 한 장을 당당하게 차지하고 있다. 군사전략가 앙드레 보프르 장군은 저서 『전략 입문(Introduction à la stratégie)』(1963)에서 간접전략(S)을 다음과 같은 공식으로 정의했다.

$$S=KF\psi t$$

여기서 K는 각각의 전략이 처한 환경을 의미하는 상수다. F는 물리적 역량이고, ψ는 심리적 역량이다. t는 시간 요소다. 간접전략은 시간 요소를 통해 심리적 역량을 강화하여 물리적 역량을 침식시키는 전략이다. 이때 각각 다른 상황을 고려해야 한다.

마오쩌둥의 지구전 전략은 앙드레 보프르 장군의 간접전략 공식의 완벽한 모델이다. 그는 중국이라는 상수를 고려하여 혁명군의 주체를 노동자가 아니라 농민으로 정했다(K). 물리적 역량의 부족을 지구전을 통해 보충했다(F). 공산주의 사상으로 중국 인민의 마음을 훔쳤다. 중국공산당은 궁극적으로 인민의 신심(信心)을 얻었다(ψ). 공간을 시간으로 바꾸면서 기다렸다(t). 시기가 무르익자 정규전으로 전환하여 총공세를 펼쳤다. 그리하여 1949년 10월 1일, 중국공산당은 창립 38년 만에 '중화인민공화국(People Republic of China)'을 세운다.

반항아로 자라며 공산주의자가 되다

마오쩌둥은 1893년 12월 26일 후난성((湖南省) 샹탄현(湘潭縣) 사오산(韶山)에서 태어났다. 중국에서는 어릴 때 이름을 따로 부르는 관습이 있었다. 이에 따라 어릴 시절에는 스싼(石三)으로 불렸다. 위로 형이 둘 있었으나 금방 죽는 바람에 '돌처럼 튼튼하게 자라는 셋째'라는 의미에서 붙인 이름이었다. 마오쩌둥 밑으로 둘째 마오쩌민(毛澤民), 막내 마오쩌탄(毛澤潭)이 있었다. 두 남동생은 마오쩌둥의 권유로 혁명에 참가했다 사망한다.

마오쩌둥의 아버지는 마오순성(毛順生), 어머니는 문씨(文氏)로 어렸을 때 이름이 원치메이(文七妹)였다. 아버지는 완고한 성격의 농민이었고 어머니는 순박한 시골 여인이었다. 마오순성은 가난을 대물림 받았으나 결혼 이후 열심히 일하여 사오산에서 제일 부자라는 소리를 들을 정도가 되었다. 마오쩌둥이 태어났을 때 가정 형편은 넉넉한 편이었다.

어려서부터 마오쩌둥은 반항아로 성장했다. 마오쩌둥은 8세 때 마을 서당에 들어가 『논어(論語)』를 비롯한 유교 경전을 배웠다. 10세 때는 마을 서당에서 반항하여 일종의 파업을 했다. 아버지와 논쟁을 벌여 자기주장을 관철시키기도 했다. 13세 때는 우물에 뛰어들어 죽겠다는 시위로 아버지의 고집을 꺾기도 했다. 그는 이미 집안의 사소한 다툼을 계급 투쟁으로 보았다. 마오쩌둥은 자서전에서 어린 시절을 다음과 같이 말했다.

집안에는 두 개의 파벌이 있었다. 하나는 통치권을 쥔 아버지였고, 그 반대파는 나와 어머니 동생들, 어떤 때는 노동자들도 우리 편에 가담했다.

아버지의 반대로 학업을 중단하게 된 마오쩌둥은 16세 때인 1909년 집을 나와 광둥성(廣東省) 광저우(廣州)의 둥산(東山)고등소학교에 들어갔다. 그 뒤 후난성 창사(長沙)의 샹샹(湘鄉)중학교로 진학했다. 이때 쑨원(孫文)이 결성한 동맹회(同盟會)에서 발간하는 신문 「민립보(民立報)」의 열렬한 독자가 되어 그 신문에 실린 반청론(反淸論)이나 혁명론에 많은 영향을 받았다. 1912년 후난성 공립고등중학교에 들어갔다가, 1913년 다시 후난 제일사범학교에 입학하여 1918년 졸업했다.

졸업 후, 1918년 제일사범학교 스승이자 훗날 장인이 된 양창지(楊昌濟) 교수를 따라 베이징 대학교에 사서로 취직하여 약 2년간 근무했다. 이때 공산주의사상을 처음 접하고 많은 독서와 토론, 강연 등을 통해 사상적 기초를 닦았다. 사서 시절 그는 1,000권 이상의 정치 관련 서적을 읽었고 각종 신문을 섭렵하면서 세상의 정세를 파악했다.

마오쩌둥은 독서를 통해 군사학을 독학했다. 클라우제비츠와 『손자병법』, 그리고 중국의 역대 군담소설(軍談小說)을 매우 좋아해서 손에 놓지 않았다. 이렇게 혼자 군사학을 독학하면서 전략·전술론에 대한 체계적인 지식을 갖추었다.

이후 고향으로 돌아와 사망한 아버지의 재산을 물려받고 학교 사업도 벌여서 교장이 되어 꽤 큰돈을 벌었다. 경제적으로 안정되자 그동안 사귀던 양창지 교수의 딸 양카이후이(楊開慧)와 결혼했다. 계급으로 치면 그는 부르주아 계급이었다. 그럼에도 좌익 서적을 계속 읽다 보니 공산주의자가 되었고, 중국공산당의 창립 멤버가 되었다.

아내들과 형제들이 혁명의 격랑 속에 쓸려가다

혁명의 소용돌이 속에서 마오쩌둥의 가족들은 부초처럼 흔들렸다. 불행이 끊이지 않았다. 어찌 보면 가정을 돌볼 여력이 없는 모든 혁명가들에게 공통된 불행인지도 모른다. 혁명은 마오쩌둥을 냉혈인간으로 만들었다. 그가 처한 상황이 그를 더 이상 인정 많은 인간으로 지낼 수 없게 내몰았다. 마오쩌둥은 완고한 아버지와 한없이 착한 전형적인 중국인 어머니 밑에서 자랐다. 그가 성장하면서 아버지에 대한 불만으로 부자 사이의 대립이 격화될 때마다 어머니는 온힘을 다해 둘 사이를 중재했다. 그 덕분에 그나마 마오쩌둥은 책을 접하고 학업을 계속하며 꿈을 키울 수 있었다. 그런데 그것이 오히려 집안에는 불행을 가져왔다. 세상에 새로이 눈을 뜬 마오쩌둥은 집을 뛰쳐나갔고, 이후 동생들을 전부 혁명 대열에 끌어들였다. 이러한 그의 혁명 활동으로 결국 모든 가족이 희생당하는 불행을 맞았던 것이다. 1907년 마오쩌둥은 4년 연상인 뤄이슈(羅一秀)와 결혼했으나 뤄이슈는 3년 후 병으로 사망했다. 두 사람 사이에 자식은 없었다.

마오쩌둥의 스승 양창지는 1918년 베이징 대학교의 초빙을 받아 베이징으로 갔다. 그는 베이징에 가자마자 마음에 두었던 마오쩌둥을 불러 자신의 집에 머물게 하면서 베이징 대학교 도서관에 취직시켰다. 마오쩌둥은 이때 17세 소녀였던 양카이후이와 연인이 되었다. 두 사람은 양창지 사망 후 1920년 겨울부터 동거를 시작했다. 그리고 양카이후이는 마오쩌둥을 따라 1921년 공산당에 입당했다. 그들은 사이에 세 아들 마오안잉(毛岸英), 마오안칭(毛岸靑), 마오안룽(毛岸龍)을 두었다. 양카이후이는 1930년 11월 국민당(國民黨) 군벌인 허젠(何鍵)에 의해 체포되어 총살당한다.

이 10여 년 동안 마오쩌둥 부부는 창사, 상하이, 사오산을 오가며 세 아들을 낳아 기르는 결혼 생활을 했다. 양카이후이는 마오쩌둥이 수배령이 떨어져 도피해 다니는 바람에 홀로 세 아이를 보살펴야 했다. 그녀가 사망했다는 소식을 듣고 마오쩌둥은 친척들에게 "카이후이는 쓸데없이 그들의 제물이 된 것이 아니다"라며 그녀의 죽음이 헛된 것이 아님을 환기시켰다.

세 번째 부인은 허쯔전(賀子珍)이었다. 마오쩌둥은 1927년 10월 추수봉기를 일으키기 위해 징강 산(井岡山: 장시성江西省과 후난성 경계에 위치한 산)에 갔을 때 그녀를 처음 만났다. 두 사람은 '농촌 실정 조사'를 함께하면서 애정이 싹텄다. 훗날 이때 작성한 「징강 산 농촌 실정 조사」를 대장정(大長征) 도중 잃어버리고 나서 마오쩌둥은 "딴 물건을 잃어버렸다면 마음이 아프지 않았을 텐데, 그 보고서를 잃어버려서 정말 애석하다"라고 털어놓았다.

두 사람은 1928년 징강 산 속에서 결혼식을 올렸다. 자녀는 3남 3녀를 두었으나 국민당과 끊임없이 싸우며 혁명 활동을 벌이는 와중이라 1937년에 태어난 딸 리민(李敏)을 제외하고 모두 죽거나 행방불명되었다. 하지만 장칭(江靑)이 마오쩌둥과 각별한 사이로 발전하자 1938년 허쯔전은 마오쩌둥과 이혼하고 소련으로 유학을 떠났다. 소련에서 외로움에 지친 그녀는 정신질환자가 되어 고생하다가 뒤늦게 귀국하지만 장칭의 견제로 어렵게 지내다 결국 병으로 사망하고 말았다.

네 번째 부인인 장칭은 본명이 리수멍(李淑蒙)으로 란핑(藍蘋)이란 예명으로 활동하던 여배우 출신이다. 마오쩌둥과 결혼하면서 장칭이란 필명을 이름으로 썼다. 장칭은 결혼하면서 정치에 관여하지 않기로 당과 약속했다. 그러나 마오쩌둥은 자신이 어려움에 처하자 그녀를 은근히 부추겨 정치에 참여시킴으로써 중국에 비극을 가져왔다. 그녀는 1960년대에 이른바 사인방(四人幫)의 대표 인물로서 문화대혁명(文化大革命)을 일으켜 무소불위의 권력을 휘두르며 중국을 끔찍한 비극 속으로 몰아넣었다. 장칭은 1976년 마오쩌둥 사망 후 체포되어 사형(종신형으로 감형)을 선고받고 수감 생활을 했다. 1991년 형집행정지로 석방되어 가택연금 상태에 있다가 스스로 목숨을 끊고 말았다.

마오쩌둥의 둘째 동생인 마오쩌민은 우직하고 근면해 마오쩌둥이 떠난 집안의 대소사를 도맡아 처리했다. 그러던 중 마오쩌둥의 손에 이끌려 창사로 가 그곳에서 부친에게 배운 회계 등 특기를 살려 훗날 국립은행의 은행장 자리까지 올랐다. 하지만 병으로 소련으로 가다가 신장(新疆)에 들렀을 때 때마침 발생한 페스트 때문에 그곳에 머물던 중 국민당군벌에 체포되어 갖은 고문 끝에 암매장당하고 말았다. 셋째 동생 마오쩌탄은 처음부터 마오쩌둥을 따라 혁명운동에 참여하여 활동했다. 1935년 4월 군구 사령부 영도자 중 한 명으로 유격전에 참가했다가 총상을 입고 사망했다. 이처럼 마오쩌둥의 가족들은 모두 혁명에 희생되고 말았다. 한편으로 그것은 마오쩌둥을 위한 희생이기도 했다.

농민을 혁명의 주체로 인식하다

1921년 7월 마오쩌둥 등 소수 좌파 지식인들이 중국공산당을 만든다. 당시 절대적인 통제력을 가진 코민테른(Communist International: 공산주의 인터내셔널, 국제공산당, 제3인터내셔널)의 지침을 받아 "무산계급을 조직하고 계급투쟁의 수단으로 노농(勞農) 독재정치를 수립하고 사유재산제를 철폐하여 점차 공산사회에 도달하는 것"을 궁극 목표로 하는 중국공산당을 창설한 것이다. 당 중앙위원회 총서기는 천두슈(陳獨秀), 중앙국은 천두슈, 장궈타오(張國燾), 리다(李達) 3인으로 구성되었다. 마오쩌둥은 후난 대표가 되었다. 중국공산당 창당은 식민지 상태의 국가들을 우선 공산화한다는 레닌(Lenin)의 동방 우회 전략에 따른 것이기도 했다.

그런데 문제는 혁명의 주체를 누구로 할 것이냐 하는 것이었다. 중국공산당 초기 교조적인 소련 유학파들은 도시 노동자가 혁명의 주체가 되어야 한다고 했다. 혁명의 방식도 도시 지역이 중심이 되어야 한다고 했다. 그러나 마오쩌둥은 달랐다. 중국의 현실을 감안해야 한다는 것이었다. 중국은 혁명 당시 상당한 도시 노동자 세력이 있었던 러시아와는 달랐다. 러시아는 산업혁명의 후발 주자로 산업화가 시작되었으나 중국은 아직 농업국가여서 노동자 세력은 그야말로 미미했다. 따라서 중국에서 혁명 전략을 구사할 때 상수 'K'는 바로 농민이었다.

마오쩌둥이 농민을 혁명의 주체로 인식하는 데 결정적인 전기는 「후난 농민운동 시찰 보고」였다. 마오쩌둥은 1921년 중국공산당 창당 대회에 참가한 후 후난성의 책임자가 되었다. 그 후 그는 후난성 창사로 돌아와 노동운동과 당세 확장을 위해 노력했다. 1923년 중국공산당이 코민테른의 지시에 따라 국공합작(國共合作)을 결정하자, 마오쩌둥은 국민당에 가입하여 주로 농촌 공작에 종사했다. 1921년부터 1926년까지 마오쩌둥은 천두슈가 이끄는 중국공산당 지도부에 별다른 이론을 제기하지 않았다. 마르크스주의에 대한 특이한 해석을 제시하지도 않았다. 그러나 국공합작의 상징이던 쑨원이 1925년 사망하고 공산당의 노동자·농민운동에 대해 불만을 표시하던 국민당 우파가 장제스(蔣介石)의 쿠데타를 계기로 반공 정책을 강화하던 1926년, 마오쩌둥은 유명한 「후난 농민운동 시찰 보고」를 발표한 것이다.

이 보고서에서 마오쩌둥은 중국 농촌 지역에서 "단기간에 수억 명의 농민들이 마치 태풍처럼 폭발적인 힘을 가지고 일어날 것이며, 이들 혁명 세력은 어떤 힘으로도 막을 수 없다"라고 선언했다. 그러면서 그는 모든 혁명 정당은 이와 같이 혁명적인 농민의 힘을 조직하고 농촌 혁명을 지도해야 한다고 주장했다. 보고서의 핵심은 농민계급도 도시 노동자 계급과 마찬가지로 혁명적이고 진보적인 세력이 될 수 있다는 인식이다. 의식 있는 농민은 혁명의 주체가 될 수 있다는 이 생각은 중국의 현실을 고려한 창조적인 적용이었다. 상수 K의 문제를 올바르게 인식했다는 측면에서 마오쩌둥의 보고서는 중요한 역사적인 의미를 가진다.

마오쩌둥의 홍군은 농민군이다

어린 시절부터 몸에 익은 농촌 생활은 마오쩌둥이 훗날 농민을 혁명의 주체로 삼는 데 초석이 되었다. 그는 철저한 농촌 사람이었다. 농촌을 있는 그대로 인식했다. 농촌과 농민의 중요성을 인식했다. 유격전을 실시함에서 인민은 물이고 게릴라군은 물고기라는 생각은 광활한 대지의 주인으로 몇 천 년을 살아온 농민에 대한 인식에서 나온 것이다. 네 번째 부인인 장칭이 자신을 촌뜨기라고 매도하자 마오쩌둥은 "나는 확실히 시골뜨기야. 농민의 자식이고 농민의 생활 습관을 갖고 있어"라는 말로 반박했다.

마오쩌둥의 홍군(紅軍: 또는 적군赤軍. 중국 인민해방군의 전신)은 핍박받는 농민으로 구성된 군대였다. 홍군은 계급의식을 가진 농민군이었다. 홍군은 마오쩌둥의 지도와 지침으로 단련된 군대였다. 마오쩌둥의 홍군은 조조의 '청주병'과 마찬가지로 그의 절대 병기였다. 홍군은 중국 공산혁명의 주체 세력이었다. 홍군은 마오쩌둥주의를 상징했다.

마오쩌둥은 중국혁명은 러시아혁명과 다르다고, 도시 노동자가 주축이 된 위로부터의 혁명 방식은 중국의 상황에 맞지 않다고 판단했다. 중국 현실에서는 농민이 혁명의 주체가 되어야 한다고 생각했다. 이에 마오쩌둥은 선전선동을 통해 농민들에게 계급의식을 심고, 그들을 공산혁명 투쟁의 선봉으로 삼았다.

1927년 8월 1일 2시 장시성(江西省) 난창(南昌)의 새벽을 깨우는 혁명군의 총성이 울렸다. 난창봉기(南昌起義: 1927년 4월 국공합작이 결렬된 후 중국공산당과 중국국민당 사이에 벌어진 최초의 전투)였다. 총소리는 밤하늘을 찢고 농민군은 하산한 맹호처럼 국민당 부대를 향해 쳐들어갔다. 3시간가량의 격렬한 전투를 거쳐 농민군은 난창을 점령했다. 국민당군 1만여명을 제압하고 1만여 정의 총을 노획했다. 그날 중국공산당이 영도하고 국민당 좌파와 진보 인사가 참가한 연합정권이 성립되었다. 허룽(賀龍)이 총사령관이었다. 그는 예팅(葉挺)을 전적총지휘로 임명하고 류보청(劉伯承)을 참모장으로 하여 그 휘하에 3개 군을 관할했다. 제9군, 제11군, 제20군으로 병력은 농민군 3만 명이었다.

장제스는 난창 혁명군의 승리를 매우 두렵게 여겼다. 그는 급히 서둘러 병력을 집결하여 압도적인 병력으로 사면에서 난창을 포위 공격했다. 강대한 적의 압박을 마주하자 공산당은 다시 광둥(廣東) 지역에 제2차 북벌의 혁명 근거지를 세운다는 계획에 따라 분산하여 남하했다. 대부분의 병력은 패주하고 해산했다. 지휘관들은 뿔뿔이 흩어져 각자의 지역으로 돌아가 활동을 계속했다. 잔류 병력은 1928년 4월 장시성 징강 산(井岡山)에 이르렀다.

1927년 공산당은 '8·7회의'에서 추수기를 이용하여 농촌에서 격렬한 계급투쟁을 일으킬 것을 결정하고, 우선 농민운동의 기반이 있는 후난(湖南)·후베이(湖北)·장시(江西)·광둥 지역에서 농민 추수봉기를 일으키기로 했다. 9월 8일을 기해 마오쩌둥은 후난에서, 샹잉(項英)은 후베이에서 일제히 일어 났다. 그러나 봉기는 정부군의 반격으로 진압되고 마오쩌둥 은 1,000여 명의 잔여 부대를 이끌고 징강 산으로 들어갔다. 그는 거기서 이른바 공농혁명군(工農革命軍) 제1군 제1사(師) 제1단(團)을 편성하고 그 지역에 해방구를 건설했다. 난창의 잔류 부대와 마오쩌둥의 부대가 징강 산에서 만나 시작된 부대가 홍군의 모태가 되었다.

홍군은 공산당의 'F'로 핵심 무력이었다. 홍군은 게릴라전 을 주 전술로 삼았다. 압제와 수탈로부터 해방을 추구하는 홍군의 사기는 대단히 높았다. 당시 그들의 처지는 죽음보 다 더한 비참 그 자체였다. 그러한 절박함이 혁명의 에너지 로 분출되었다. 그들은 같은 처지에 있는 인민과 공감하고, 그들의 마음을 쉽게 얻을 수 있었다. 그들은 자발적이었고 적극적이었다. 그러나 그들의 무장은 형편없었다. 기본 화기 도 제대로 갖추지 못했다. 그들의 힘은 물리적인 힘 'F'보다 정신적인 힘 'ψ'에 있었다. 홍군이 제대로 된 무장을 갖춘 것 은 소련군이 100개 사단분의 무장을 제공한 후부터였다. 한 국전쟁 당시 "항미원조(抗美援朝)"의 기치를 들고 참전한 중 공군이 홍군의 열기를 보여주었다. 그들은 하루 밤에 대군이 30킬로미터를 기동하는 기동력을 보여주었다. 대장정 기간 하루에 40킬로미터를 기동했던 능력을 이때도 유감없이 발휘한 것이다.

홍군은 자급자족하는 위민(爲民)의 군대였다. 물자와 식량을 주로 인민으로부터 빌렸다. 지주로부터 몰수도 했다. 대민 관계는 매우 엄격했다. 이에 대해서는 상반된 두 가지 시각이 있다. 하나는 약탈이라는 시각이다. 다른 하나는 적극 지지받았을 때는 보급과 기동전 측면에서 매우 유리했다는 시각이다. 후자 측면에서 보면 인민과 홍군은 물과 물고기의 관계다. 마오쩌둥은 홍군을 위민의 부대로 엄격하게 단련했다. 조조가 황건적을 청주병으로 변신시켰듯이, 마오쩌둥은 무지하고 무기력한 농민을 혁명 전사로 탈바꿈시켰다.

장제스 군의 소공전을 격퇴하고 장정을 개시하다

장제스는 1930년 10월부터 1934년까지 5차에 걸친 공산당 토벌 전쟁, 이른바 소공전(消共戰)을 벌인다. 홍군은 4차전까지는 장제스의 국민당군을 보기 좋게 격퇴한다. 그러나 100만 명의 병력을 동원한 제5차 소공전에서 전멸의 위기를 느낀 공산당군은 장시성 루이진(瑞金)에서 탈출하여 안전한 근거지를 찾아 후퇴한다. 이것이 바로 368일 동안 1만 킬로미터를 후퇴하여 산시성(陝西省) 북부 옌안(延安) 일대로 근거지를 옮겨 재기를 도모한 장정(長征)이다.

제1차 소공전은 1930년 11월 시작되었다. 장제스 군은 10만의 병력으로 홍군을 공격했다. 홍군은 마오쩌둥의 지도 아래 유격전을 통해 국민당군을 격퇴했다. 제2차 소공전은 1933년 2월 실시되었다. 장제스는 20만 군대를 동원하여 공격을 재개했다. 이때 홍군의 세력은 3만에 불과했다. 마오쩌둥은 농민과 협력하여 장제스 군을 또다시 패퇴시켰다. 제3차 소공전은 1933년 7월 장제스 자신이 총사령관이 되어 직접 나섰다. 난창에 사령부를 설치하고 30만을 동원하여 총공격을 했다. 이번에는 루이진의 근거지를 직접 공격하지 않고 네 방향에서 공격하면서 중앙의 근거지를 공격하겠다는 의지를 보였다. 장제스의 위세에 놀란 마오쩌둥 진영에서 내분이 일어났다. 소련 유학파를 중심으로 마오쩌둥의 유격 전술을 비판했다. 이들은 코민테른의 대표자 파벨 미프(Pavel Mif)를 등에 업고 당권을 장악했다. 그러나 그뿐이었다. 그들에게 군사적 대응책은 없었다. 결국 국민당군이 미치지 않는 지역으로 이동하는 정책을 취하며 어물어물하는 사이에 그동안 구축한 해방구를 상실했다. 여세를 몰아 루이진의 본거지를 공격하는 국민당군을 마오쩌둥이 유격전을 통해 격퇴했다.

장제스는 제4차 소공전을 곧바로 시작했다. 50만 대군으로 공격을 가한 것이다. 미처 휴식도 취하지 못한 상태에서 공격을 당한 홍군은 당황했다. 그러나 홍군에는 마오쩌둥이 있었다. 마오쩌둥은 더 창조적인 유격전을 통해 장제스 군을 격퇴했다. 그는 적피아타(敵疲我打) 전술로 수적 우세를 앞세워 정면 공격을 하는 국민당군의 힘을 뺐다. 결국 국민당군은 이 전투에서도 대패하고 철수했다. 4차에 걸친 소공전에서 망신을 당한 장제스는 대대적인 공격을 준비한다.

제5차 소공전은 1933년 10월 개시되었다. 장제스는 100만 대군과 전차, 전투기 등 신무기를 동원하여 루이진을 완전히 포위하고 초토화시키려는 작전을 세웠다. 중화소비에트공화국(中華蘇維埃共和國: 또는 중국소비에트공화국. 약칭 장시소비에트 소련의 지지로 수립되어 1931년부터 1934년까지 중국 남동부 장시성 루이진에 독립 정부로 존재했던 공화국. 마오쩌둥이 주석을 역임했다)은 타격을 받기 시작했다. 국민당 기관지는 장시소비에트 탈환 과정에서 100만여 명이 살해당하거나 굶어죽었을 거라고 보도했다. 그러자 1934년 1월 루이진에서 소집된 제2차 전 중국소비에트대회는 혁명 본거지를 서북 내륙 지방으로 옮기는 문제를 검토했다. 그런 다음 드디어 1934년 10월 16일 장정을 개시한다. 우선 서쪽으로 방향을 잡았다. 이것이 바로 대장정의 시작이었다.

대장정을 통해 중국공산당을 장악하다

1934년 10월 16일부터 4일 동안 10만 명의 홍군이 루이진에서 탈출하여 서쪽으로 후퇴를 시작한다. 사실 사방으로 에워싼 장제스 군대로부터 탈출한 것 자체가 기적이었다. 장정은 1년 만인 1935년 10월 끝이 났다. 그동안 홍군은 중국 대륙을 반 바퀴 돌면서 2만 5,000리 즉 1만 킬로미터를 걸었다. 368일 중 234일을 주간 행군, 18일을 야간 행군 했다. 평균 130킬로미터 이동 후 1번 휴식을 했다. 홍군은 12개 성을 통과했다. 18개 산맥을 넘고 24개 강을 건넜다. 그중 5개 산맥은 만년설로 뒤덮여 있었다. 12개 성을 지나면서 62개 도시와 마을을 점령했으며 6개 이민족 지역을 통과했다. 징강산에서 산시성 옌안까지 이른 장정을 완수한 사람은 10명 중 하나 꼴이었다. 그 가운데 여성은 35명뿐이었다.

장정 동안 홍군은 물리적 힘을 소모하면서 심리적 힘을 키웠다. 즉 홍군의 물리적 힘(F)은 갈수록 약화되었으나 심리적 힘(ψ)은 갈수록 강해졌다. 홍군은 가는 곳마다 농민의 지지를 얻어 소비에트(해방구)를 건설했다. 농민들은 더 이상 홍군을 두려워하지 않았다. 이는 훗날 혁명의 밑거름이 되었다.

대장정, 세계 역사상 그 유례를 찾아볼 수 없는 이 사건의

클라이맥스는 쓰촨성(四川省) 서부를 흐르는 다두허(大渡河) 도하 전투였다. 이곳을 무사히 건너느냐 못 건너느냐에 홍군의 운명이 달려 있었다. 만약 이곳을 건너지 못하면 홍군은 자그마치 2,000리 길을 되돌아가야 했고, 그것은 곧 홍군의 전멸을 뜻했다.

1935년 5월 린바오(林彪)가 이끄는 제1군단의 선봉대가 다두허에 도착했다. 국민당군은 홍군의 도강을 저지할 목적으로 배를 모두 불태우고 들판의 곡식까지 남김없이 거둬들였다. 선봉대는 남아 있던 배 3척을 빼앗는 데 성공했다. 이 배들로 제1군단 병력이 강을 건너는 데만 사흘이 걸렸다. 홍군은 속속 강가로 집결했다. 그러나 물살은 점점 거세어지고 있었다. 이런 속도라면 도하 작전을 끝내기 전에 적에게 포위당하고 말 형편이었다. 린바오, 주더(朱德), 마오쩌둥, 저우언라이(周恩來), 펑더화이(彭德懷) 등은 급히 군사 회의를 열고 서쪽 400리 지점에 있는 루딩 교(瀘定橋)를 점령하기로 했다. 루딩 교는 수세기 전 노정(瀘定)이란 사람이 설치한 것으로 깎아지른 듯한 협곡 사이에 매달린 다리였다. 현재 상황에서는 루딩 교를 확보해야만 국민당군의 추격을 피할 수 있었다. 루딩 교는 홍군의 유일한 탈출로였다. 홍군은 지체 없이 출발했다.

홍군이 루딩 교로 행군하는 길은 기복이 매우 큰 협로였다. 이미 강을 건넌 부대도 함께 이동했다. 강을 사이에 두고 이들은 서로 격려하듯 발길을 재촉했다. 때론 서로의 외침이 들릴 만큼 가까워졌다가 때론 영영 헤어지는 건 아닐까 두려워질 정도로 멀어지는 협곡을 타고 홍군은 쉬지 않고 행군했다. 밤이면 이들이 든 1만 개의 횃불이 강 수면을 꽃처럼 아름답게 수놓았다. 휴식은 10분뿐이었다. 그 짧은 순간에도 홍군은 이 작전이 얼마나 중요한지 설명하는 정치 지도원의 강의에 귀를 기울였고 서로를 격려했다. 망설임도 피곤도 있을 수 없었다. 펑더화이는 "승리는 곧 삶이요 패배는 죽음이다"라며 병사들을 독려했다.

마침내 루딩 교에 다다랐다. 강물은 깊고 물살이 매우 빨랐다. 루딩 교는 길이 약 900미터로, 16개의 육중한 쇠고리 줄이 강을 가로질러 뻗어 있고 바닥에 두꺼운 널빤지가 깔려 있었다. 그러나 국민당군이 벌써 바닥 판자의 절반 이상을 들어내버린 후였다. 강 중간 지점까지는 쇠사슬만 노출된 채였다. 더욱이 강 저편에는 국민당군의 기관총이 설치되어 있고 그 뒤로 1개 연대 병력이 포진하고 있었다.

절체절명의 순간 30명이 돌격대로 자원했다. 일종의 자살 특공대였다. 이 용감한 전사들은 쇠줄에 매달려 넘실거리는 강물 위로 나아갔다. 맞은편 언덕에서 기관총이 불을 뿜었다. 앞장선 병사들이 하나둘 쓰러졌다. 그러나 기어코 바닥 판자가 있는 지점까지 도착한 병사들이 적 기관총을 향해 수류탄을 던졌다. 결사대의 희생으로 마침내 루딩 교를 확보한 홍군은 무사히 다두허를 넘을 수 있었다. 국민당군으로서는 홍군을 섬멸할 결정적인 기회를 놓치고 만 셈이었다.

장정은 단순한 군사적 후퇴 작전이 아니었다. 첫째, 장정은 국가가 옮겨가는 작전이었다. 공산당 정부가 새로운 소비에트공화국을 건설하기 위해 이동한 것이다. 둘째, 중국공산당의 독자적 공산혁명 노선을 확립한 사건이었다. 중국공산당은 1935년 1월 8일 구이저우성(貴州省) 쭌이(遵義)에서 당대회를 열고 5차에 걸친 소공전에 대한 분석을 했다. 여기서 코민테른을 등에 업은 유학파들의 노선을 비판하고 이들 세력을 영구히 추방한다. 이로써 중국공산당은 소련의 영향에서 벗어나 마오쩌둥의 지도 아래 독자 혁명의 길을 걷는다. 셋째, 소수민족에 대한 지배권을 확보하는 여정이었다. 장정의 여정이 없었다면 훗날 중국을 장악한 공산당이 티베트나 신장 등 소수민족 지역에 대한 지배력을 갖기 힘들었을 것이다. 넷째, 장정의 정신은 공생이었다. 홍군은 초원을 건널 때는 양 한 마리에 한 명의 목숨을 바칠 만큼 처절했지만 식량을 약탈하지 않았다. 짱족(藏族: 티베트족) 지역을 지날 때 주인 허락 없이 먹은 순무에 대해 마오쩌둥이 "이것은 우리가 외국에 진 유일한 빚이오. 언젠가는 짱족과 티베트인에게 식량의 대가를 지불할 것이오"라고 『중국의 붉은 별(Red Star Over China)』의 저자 에드거 스노(Edgar Snow)에게 말했다. 그는 세련된 방식으로 '민심이 천심'이라는 개념을 실천했다. 다섯째, 장정은 인민을 상대로 한 심리전이었다. 장정의 궁극 성과는 중국 인민의 신심을 얻은 것이다. 장정 내내 지나는 곳마다 집회를 열고 공산혁명 정신을 전파했다. 장정을 시작할 때 홍군은 미미했으나 끝날 때 홍군은 중국 전 인민의 주목과 지지를 받았고 세계가 주목하는 세력으로 성장했다. 물리적 힘 F를 심리적 힘 ψ로 극대화시켰던 것이다. 홍군은 거병한 지 10년여 만에 인민의 마음을 얻은 군대가 된 것이다.

공산혁명을 완성하다

옌안에서 마오쩌둥은 약 10년간 힘을 키운다. 그는 중일전쟁(中日戰爭: 1937~1945)을 틈 타 제2차 국공합작을 이루어낸다. 옌안에서 마오쩌둥은 자체 강화에 7할, 국민당과 대일 투쟁에 각각 2할과 1할의 노력을 기울이는 노선을 유지하면서 해방구를 증가시킨다. 마오쩌둥 세력은 옌안 일대를 중심으로 중국 전 영토의 6분의 1까지 확대된다. 홍군은 팔로군

(八路軍)으로 재편되어 합법적인 무력으로 탈바꿈한다.

드디어 마오쩌둥에게 혁명을 완수할 기회가 찾아왔다. 일본이 마침내 항복하고 배후에 소련이라는 든든한 지원 세력을 얻게 된 것이다. 마오쩌둥은 스탈린으로부터 100개 사단 분량의 장비를 지원받는다. 장제스 군대와는 비교할 수 없이 강고한 정신, 혁명 의식으로 무장한 홍군에게 물리적 힘을 획기적으로 키울 장비가 확보된 것이다.

1948년경 홍군의 무장력은 장제스 군대의 2분의 1 수준까지 성장했다. 홍군은 이 무장력으로 일제히 장제스 군에 대한 공세를 개시한다. 부패하고 오합지졸인 군대를 은유하는 '장제스 군대'는 외형적으로 아직 2배 가까운 전력을 가지고도 마오쩌둥의 홍군에 힘없이 무너진다. 홍군의 사기가 장제스 군대의 양적 우세를 삼켜버렸다. 총 공세로 전환한 홍군은 파죽지세로 장제스 군대를 격파한다. 1949년 10월 1일 마오쩌둥은 베이징에서 중화인민공화국 수립을 선포하고 국가주석에 취임한다.

마오쩌둥의 전략

마오쩌둥 전략전술의 바탕은 홍군의 강철 같은 규율이었

다. 폭도에 불과한 농민군을 홍군으로 변화시키기 위해 마오 쩌둥은 규율을 가장 강조했다. 이를 통해 일사불란한 지휘체계를 갖추고 유기적인 작전을 수행했다. 홍군 활동은 늘 현지 농민과의 유기적인 협조를 통해 이루어졌다. 아무리 군사작전 중이어도 농민에게 절대 경제적·정신적 피해를 끼치지 않도록 했다. 이것은 인민 대중이 자발적으로 홍군에 도움을 줄 수 있도록 유도하는 전술이었다. 이러한 군의 기강은 홍군 조직 초기부터 내부적으로 규정되어 지켜지고 있었으나 그 구체적 내용은 시기와 부대에 따라 약간씩 변화했다. 그러다가 제2차 국공내전(國共內戰: 1946~1949) 시기에 '3대 기율 8항 주의(三大紀律 八項注意)'라는 명칭으로 확정되었다.

3대 기율은 다음과 같다.

1. 모든 행동은 지휘에 복종할 것
2. 대중의 바늘 하나 실 한 올이라도 가지지 말 것
3. 모든 노획물은 조직에 바칠 것

8항 주의는 아래와 같다.

1. 말은 친절하게 할 것
2. 매매는 공평하게 할 것

3. 빌려 온 물건은 돌려줄 것

4. 파손한 물건은 배상할 것

5. 사람을 때리거나 욕하지 말 것

6. 농작물을 해치지 말 것

7. 여자를 희롱하지 말 것

8. 포로를 학대하지 말 것

마오쩌둥 전략의 요체는 지구전이다. 지구전 전략은 시간을 전투력으로 바꾸는 것이다. 이 전략에서는 시간이 자산이다. 공간을 양보하여 시간을 획득하고, 그 시간을 통해 유리한 상황을 조성하는 것이다. 시간 획득 전략은 16자 전법으로 대변할 수 있다.

적진아퇴(敵進我退) 적주아교(敵駐我擾) 적피아타(敵疲我打)

적퇴아추(敵退我追)

적이 전진하면 우리는 후퇴한다. 적이 주둔하면 우리는 적을 교란한다. 적이 피로하면 우리는 공격한다. 적이 후퇴하면 우리는 추격한다.

마오쩌둥의 군사 전략은 마르크스레닌주의를 근간으로 하고 있다. 그러나 그는 그것을 창조적으로 중국 현실에 적용했다. 러시아와 달리 혁명의 주체를 농민으로 삼은 것이 대표적이다. 5차에 걸친 소공전에서부터 대장정에 이르기까지 마오쩌둥의 농민혁명론은 소련 유학파 출신의 도전을 받았다. 그러나 쭌이 회의 이후 마오쩌둥 노선은 확고한 지지를 받으면서 혁명의 바이블이 되었다.

마오쩌둥은 클라우제비츠의 전쟁은 "정치의 연장"이라는 유명한 명제를 유물사관의 시각에서 수용했다. 홍군은 "전쟁, 정치 공작, 생산 지원"이라는 3대 임무를 수행했다. 이 임무를 수행함에서 철저히 당의 통제에 따랐다. 홍군은 마오쩌둥의 노선에 따라 전쟁은 정치이며 전쟁은 그 자체가 정치적 성격을 갖는 행동이라는 개념을 정립함으로써 전쟁과 정치를 일체화시켰다.

붉은 나폴레옹 보응우옌잡

적이 원하는 시간에 싸우지 않았고,

적이 싸우고 싶어 하는 장소에서 싸우지 않았으며,

적이 생각하지 못한 방법으로 싸웠다.

-보응우옌잡

프랑스, 미국, 중국을 꺾은 베트남의 수호신

보응우옌잡(Vo Nguyen Giap, 武元甲: 1911~2013)의 승리는 신화가 되었다. 그는 마오쩌둥의 혁명 이론을 베트남에 충실하게 적용했다. 그가 싸운 상대는 프랑스·미국·중국이었다. 현대판 골리앗과 다윗의 싸움이었다. 가난하고 작은 나라 베트남은 다윗이었다. 보응우옌잡은 골리앗 프랑스·미국·중국을 연파했다. 이로 인해 그는 군신(軍信)으로 추앙받았던 나폴레옹과 같은 격이 되었다. 사람들은 그를 '붉은 나폴레옹'이라 부른다.

보응우옌잡은 1954년 디엔비엔푸에서 프랑스군에 치욕적인 패배를 안겨 베트남을 떠나게 만들었다. 1960년대에서 1970년대 초반까지는 프랑스군을 대신한 미군과 맞섰다. 그는 미국마저 물리쳤다. 1975년 4월 남베트남이 북베트남에 패하고 베트남은 통일된다. 1979년 중국군이 베트남 국경을 침공했다. 보응우옌잡 군대는 중국 역시 패퇴시켰다.

보응우옌잡은 군 최고사령관·대장·국방장관의 지위로 3개 전쟁을 지휘했다. 그는 우승열패(優勝劣敗)라는 전쟁의 기존 개념을 해체했다. 열세한 힘으로도 승리를 이루어낸 것이다.

보응우옌잡은 1911년 8월 25일 베트남 중부에 위치한 꽝빈성(Tinh Quang Binh, 廣平省) 레터이(Le Thuy)에서 부농의 아들로 태어났다. 그는 쇼팽을 좋아하고 프랑스 역사에 심취한 역사학도였으며, 정의감에 불타는 열정적인 기자이기도 했다. 그의 아버지는 아들의 이름을 외세의 공격을 막아내라는 의미에서 '방패'를 뜻하는 잡(Giap, 甲)으로 지었다.

한 번도 정식 군사 교육을 받은 적이 없었지만 보응우옌잡은 알렉산드로스에서 손자에 이르기까지 명장들의 병법에 통달했다. 미국인들은 그를 20세기 최고의 장군으로 평가한다. 그는 우월한 군사력과 막강한 물자 지원을 배경으로 전쟁을 치른 맥아더나 아이젠하워와 비교가 안 되는 전략가로 칭송받는다. 영국의 한 역사학자는 보응우옌잡을 카이사르, 칭기즈칸, 나폴레옹과 더불어 역사를 바꾼 위대한 장군으로 평가하기도 했다.

그는 베트남 국민의 영웅이다. 베트남에서는 호찌민(Ho Chi Minh, 胡志明)을 아저씨로, 보응우옌잡을 형으로 부른다. 시쳇말로 보응우옌잡은 '국민 형님'인 셈이다. 그는 형의 마음으로 베트남이 진정한 인민의 나라가 되기를 기원했다. 프랑스군을 박살내고 세계 초강대국 미국, 그리고 중국에까지 모욕을 안겨준 그는 마지막으로 그의 형제들인 베트남 인민들이 잘사는 길을 위한 싸움을 벌였다.

보응우옌잡은 일찍이 중학생 신분으로 프랑스에 저항하는 학생운동에 가담했다가 학교에서 쫓겨났다. 이후 하노이에서 신문을 발행하며 독립운동에 참여해 감옥에 투옥되기도 했다. 한때 역사 교사와 기자를 지낸 그가 무장 독립운동에 본격 가담하게 된 것은 1939년 중국으로 건너가 '베트남 건국의 아버지' 호찌민을 만난 뒤부터였다. 프랑스 당국의 탄압을 피해 중국으로 피신했던 보응우옌잡은 호찌민을 만나 그와 함께 베트남 독립연맹을 창립한다.

이후 베트남으로 돌아온 그는 1944년 북쪽 국경 지대에 근거지를 두고 산속에서 살고 있던 소수민족들을 설득하여 그들을 베트남을 위해 목숨을 걸고 싸우는 애국심 강한 군인으로 육성한다. 보응우옌잡 장군은 이 군대로 1954년 디엔비엔푸에서 프랑스군을 무찔렀고 그 결과 프랑스는 베트남에서 물러났다. 이 전투는 그의 첫 번째 승리인 동시에 세계 정치 무대에 이름을 알린 계기가 됐다.

같은 해 제네바 협상이 열렸다. 이 협상으로 베트남은 북위 17도선을 경계로 공산당이 주도하는 북베트남과 미국의 동맹인 남베트남으로 나뉘었다. 베트남의 독립을 간절히 바라던 보응우옌잡 장군은 남베트남을 지원하는 미국과 오랜 기간 전쟁을 치렀다. 그리고 어떤 장군도 상상하지 못할 독창적이고 남다른 전략을 펼쳐 결국 미군을 베트남에서 내쫓았다. 1979년에는 캄보디아 침공을 빌미로 중국이 베트남을 침략했지만, 이번에도 보응우옌잡은 예상치 못한 반격으로 중국에 큰 피해를 입히면서 베트남에 승리를 안겨주었다. 이처럼 보응우옌잡 장군이 도저히 상대가 될 것 같지 않는 강대국들을 연파할 수 있었던 비결은 과연 무엇이었을까?

'3불 전략'으로 열강을 물리치다

보응우옌잡은 부족한 물자와 취약한 군사력으로 미국 같은 초강대국을 이길 수 있었던 이유에 대해 이렇게 말했다.

미국같이 강한 군대와 싸우면서 우리가 한 건 별로 없다. 단 세 가지를 하지 않았다. 우선 적이 원하는 시간에 싸우지 않았고, 적이 싸우고 싶어 하는 장소에서 싸우지 않았으며, 적이 생각하지 못한 방법으로 싸웠다.

이것이 보응우옌잡 장군의 명성을 세계에 알린 '3불(三不) 전략'의 핵심이다. 이 전략은 병력, 무기, 자원의 열세를 극복하고 강대국에 비대칭적으로 대응하는 창의적 전략이었다. 약자가 강자와 싸워 이기는 전략의 모범이었다.

그런데 3불 전략으로 강자를 이기는 조직에는 공통된 특징이 있다. 그 핵심은 자기 확신과 승리의 집념이 있느냐 하는 것이다. 같은 전쟁터에 있지만 미군 병사들에게는 복무 기간을 채워야 하는 고통스러운 시간에 불과했다. 그러나 베트남 병사들에게 그 전쟁은 독립을 위한 신성한 사명을 수행하는 것이었다. 승리는 강한 자만의 것이 아니다. 승리보다 더 중요한 것이 있다. 승리에 대한 확신과 승리해야 하는 절실한 이유다. 보응우옌잡 장군은 디엔비엔푸 전투를 회고하면서 다음과 같은 말을 했다.

디엔비엔푸 전투 전인 1953년 말, 우리는 이미 프랑스 진지를 기습공격 할 준비를 끝낸 상태였다. 그러나 프랑스 측을 살펴보니 임시 막사 같던 진지가 철옹성으로 변해 있었다. 그대로 공격하면 질지 모르는 상황이었다. 호 아저씨[호찌민]는 "100퍼센트 이긴다는 확신이 들 때만 공격하라"고 지시했던 터였다. 그리하여 공격을 연기하고 전략을 바꿔야 한다고 동료들을 설득했다. 그러나 공격을 미루면 목숨 걸고 정글 속을 통해 끌고 온 대포 등을 되돌려 은신처로 가져가야 할 처지였다. 많은 이가 수적으로 우세하니 공격하면 이길 수 있다고 퇴각을 반대했다. 그럼에도 나는 철수를 강행했다.

보응우옌잡은 승리에 대한 확신이 들지 않자 과감한 철수를 했다. 그는 200퍼센트 이길 수 있는 전투만 했다. 보응우옌잡은 베트남 전쟁에서 이겨야 하는 이유를 확고하게 인식했다. 그 이유를 인민에게, 병사에게, 스스로에게 다짐했다.

노예로 사느니 모든 것을 희생하겠다는 인민들의 의지가 베트남의 독립을 가져왔다. 결국 자유란 전쟁도 불사하겠다는 불굴의 의지에 의해 지켜지는 것이다. 베트남은 1,000년간 외적의 침입을 견뎌왔다. 이 나라엔 지옹이란 마을에서 태어난 세 살짜리 아이가 북쪽에서 적이 쳐들어오자 갑자기 건장한 장수로 돌변, 격퇴시켰다는 전설이 있다. 그 정도로 베트남인들은 외적과의 싸움에 익숙하며 두려워하지 않는다.

보응우옌잡 전략의 핵심은 세 가지로 요약된다. "작은 것(小)으로 큰 것(大)을 이긴다, 적음(少)으로 많음(多)과 맞선다, 질(質)로 양(量)을 이긴다." 그는 실천 전술로 3불 지침을 내렸다. 그것은 '적이 원하는 시간을 피하고, 적에게 낯익은 장소를 멀리하고, 적이 익숙한 방법으론 싸우지 않는다'는 것이었다.

디엔비엔푸 전투로 프랑스군을 몰아내다

보응우옌잡은 디엔비엔푸 전투(Chien dich Dien Bien Phu, 戰役奠邊府: 1954. 3. 13~1954. 5. 7)에서 승리를 거둠으로써 세계적인 인물로 떠올랐다. 1945년 제국주의 일본이 패망하자 프랑스는 다시 베트남에 군대를 진주시켰다. 호찌민은 그해 9월 베트남민주공화국을 선포하고 프랑스를 상대로 전쟁을 시작했다. 호찌민은 이 전쟁을 코끼리와 메뚜기의 싸움으로 규정했다. "우리는 오늘 코끼리와 싸우는 메뚜기다. 하지만 내일 우리는 코끼리의 내장을 가를 것이다." 호찌민은 메뚜기 군대의 지휘를 보응우옌잡에게 맡겼다. 메뚜기는 짧은 거리지만 잘 뛰어 달아났다. 코끼리는 몸집과 달리 메뚜기를 밟아 죽이지 못했다.

디엔비엔푸는 북베트남의 수도인 하노이 서쪽 300킬로미터 지점에 위치한 작은 촌락이다. 라오스 국경과 불과 16킬로미터 떨어진 곳이었다. 프랑스와 베트남 사이의 전투가 없었다면 사람들의 기억 속에 자리 잡을 일이 전혀 없는 그런 곳이었다.

1953년 5월 프랑스군은 앙리 나바르(Henri Navarre) 장군을 이 지역 사령관으로 임명했다. 이때 보응우옌잡 장군이 이끄는 베트남군은 게릴라전 통해 프랑스군에 심대한 타격을 가하고 있었다. 이러한 상황에서 사령관으로 부임한 나바르는 디엔비엔푸 지역을 요새화하고 베트남군의 공격에 대응했다. 베트남 북부 산악 지대를 기반으로 활동하는 베트남 게릴라들의 활동을 억제하기 위해 디엔비엔푸에 강력한 요새를 구축하기 시작한 것이다. 나바르 사령관은 이 요새를 통해 게릴라 거점을 압박하고 동시에 라오스를 통해 남쪽 베트남으로 연결되는 게릴라들의 보급로를 봉쇄하려 했다. 이를 통해 궁극적으로 게릴라 작전의 기반을 붕괴시키려 했다.

나바르는 디엔비엔푸에 비행장을 건설했다. 그리고 1만 5,000명이 넘는 병력과 야포, 전차, 비행 중대 등을 배치했다. 디엔비엔푸 기지 외곽에는 49개에 이르는 거점을 만들었다. 그리고 이 거점들을 연결한 방어진지를 편성하여 사방에서 베트남군의 동태를 샅샅이 감시할 수 있도록 했다. 이 모든 것이 그가 부임한 지 불과 10개월 남짓 만에 이루어졌다. 이런 상황에 직면한 베트남군의 고민은 컸다. 베트남군은 산악에서 이루어지는 게릴라전에서 우위를 점할 뿐이었다. 평야에서는 프랑스군의 상대가 되지 못했다. 그대로 있으면 프랑스군의 의도대로 주도권을 빼앗기고 궁극적으로는 패하게 될 위기에 처했다.

이에 베트남군을 이끌고 있던 호찌민과 보응우옌잡 장군은 베트남의 운명을 건 결단을 내렸다. 어차피 이기기 힘든 상대인 프랑스군이 한 곳에 결집해 있다면 그곳에서 결판을 내야겠다는 판단이었다. 바로 디엔비엔푸를 공격하는 것이었다. 프랑스군이 전혀 생각하지 못한 방법이었다.

이는 군사적으로나 상식적으로나 무모하기 그지없는 방법이었다. 프랑스군 입장에서는 베트남군이 스스로 함정으로 들어오는 격이었다. 디엔비엔푸 주위에는 베트남군의 거점이 없었다. 디엔비엔푸 요새를 공격하기 위해 필요한 병력과 물자를 수송할 변변한 도로도 없었다. 막강한 공군력을 보유한 프랑스군에 모든 것이 노출되어 있었다. 1953년 겨울 프랑스군이 디엔비엔푸 기지를 한창 건설 중이던 때, 베트남군에 이 지역으로 집결하라는 명령이 내려졌다. 이때부터 베트남군의 작전 기동이 시작되었다. 이것은 역사를 움직이는 동력은 강한 군사력이 아니라 위대한 인간의 힘임을 입증해주었다.

베트남군은 험준한 산악 지형을 이용해 하루에 80킬로미터를 이동했다. 주간에는 프랑스 공군기의 눈을 피하기 위해 30킬로미터 이동하고, 야간에는 그러한 위험 부담에서 자유로운 까닭에 50킬로미터를 이동했다. 당시 프랑스군으로서는 도저히 상상할 수 없는 이동 속도였다. 프랑스군의 경우 완전군장을 한 병사들이 길도 없는 산악 지형을 하루에 80킬로미터 이동한다는 것은 도저히 생각할 수가 없었다. 프랑스는 중형 야포의 출현도 생각하지 못했다. 보응우엔잡의 군대는 야포를 밧줄로 몸에 묶어서 끌고 왔다. 분해한 후 짊어지고 와서 재조립했다. 105밀리미터 곡사포는 한 번에 1인치씩, 하루에 800미터를 이동하는 속도로 3개월에 걸쳐 운반했다. 200대의 짐수레 자전거는 강과 정글을 뚫고 식량을 운반했다. 이런 까닭에 프랑스군은 베트남군의 공격이 가능할 것이라고 전혀 예상하지 못했다.

프랑스군을 놀라게 한 건 그뿐이 아니었다. 베트남군의 모든 군수물자는 베트남 인민들이 담당했다. 독립의 열망으로 가득 찬 이들은 남녀노소를 가리지 않고 자신의 능력을 십분 발휘했다. 하노이에서 한 사람당 20킬로그램 내외의 식량을 갖고 출발했는데, 이들이 디엔비엔푸에 도착했을 때 그들의 봇짐에 남은 식량은 2킬로그램 내외였다. 나머지는 오는 도중 양식으로 썼다. 그런 식으로 독립전쟁에서 이길 수 있으리라 여겼다면 터무니없는 생각이었다. 그러나 그들은 전혀 다른 생각은 않고 고작 한 병사의 3, 4일치 식량을 위해 자신의 목숨을 걸고 1,000리 길을 걸었던 것이다. 식량을 메고 걸은 사람만이 아니었다. 말과 소, 산악 지형에 어울리도록 변형된 자전거 등 움직일 수 있는 모든 운반 도구가 군수물자 수송을 위해 동원되었다. 물론 도로는 없었다. 따라서 이들은 가는 곳이 아무리 높고 험하다 해도 길을 냈고, 프랑스 공군의 눈에 띄지 않기 위해 모든 흔적을 은폐했다. 이렇게 해서 4개 사단 5만 명의 병력이 소리 소문도 없이 디엔비엔푸를 포위했다.

드디어 1954년 3월 13일 밤, 베트남군이 디엔비엔푸 기지에 공격을 퍼붓기 시작했다. 그들이 움직이기 시작한 지 3개월 20일 만이었다. 도저히 이길 수 없을 것 같았던 전투는 4개월간의 준비로 이미 이긴 전투가 되었다. 손자의 말처럼 "이겨놓고 싸우는(先勝以後求戰)" 상황으로 역전된 것이다.

2개월여에 걸친 이 전투에서 베트남군 진영에는 8,000명이 넘는 전사자와 1만 5,000여 명의 부상자가 발생했다. 프랑스군의 피해는 이보다 적어 전사자 2,300여 명, 부상자 5,100여 명, 포로 1만여 명이었다. 그러나 전투는 베트남군의 승리로 끝났고, 이들의 의지에 놀란 프랑스군은 베트남에서 철수하기로 결정했다.

이 전투로 보응우옌잡 장군은 전 세계가 주목하는 인물이 되었다. 보응우옌잡은 프랑스군이 도저히 생각할 수 없는 시간에, 생각할 수 없는 장소에서, 생각할 수 없는 방법으로 디엔비엔푸 요새를 공격했다. 프랑스군은 보응우옌잡의 베트남 군대를 너무 몰랐다.

하노이 시내 중국대사관 앞에서 영토 분쟁과 관련하여 베트남 시민 수백 명이 시위를 하고 있다. 통상적인 장면이다. 시위대의 피켓에는 보응우옌잡 사진이 있다. 그들은 이런 구호를 외친다.

보응우옌잡 정신은 우리 인민군대에 영원하다!
중국의 야욕을 분쇄하자!

그러면 '보응우옌잡 정신'은 무엇인가. 보응우옌잡은 "전쟁을 결행하면 승리를 결심해야 한다(決戰決勝)"라고 말한다. 전쟁에 대한 보응우옌잡의 접근 자세는 독특하다. 그는 승리의 요체를 전쟁 의지의 관리에 두었다. 상대방의 전의(戰意)를 꺾는 데 우선 집중했다. 패배감은 전염병처럼 번진다. 프랑스군과 미군은 그 전염병에 감염돼 무너졌다.

보응우옌잡은 200퍼센트 확실할 때 전투를 해야 한다고 했다. 일단 전투를 시작하면 결정적인 승리를 해야 한다는 것이다. 1954년 4월 디엔비엔푸를 포위한 후 첫 공격을 할 때 보응우옌잡은 이미 전세를 장악했다. 중국군 고문관은 한국전쟁 때 썼던 인해전술을 권유했다. 그러나 보응우옌잡은 지구전을 고집했다. '기회를 극대화한다. 승리가 확실할 때만 공격한다'는 원칙을 고수했다. 참호와 땅굴을 파서 코끼리의 목을 조르며 압박했다.

포위 공격 55일 만인 5월 7일 프랑스군은 항복했다. 식민지 군대가 종주국을 처음 물리친 것이다. 역사적 승리였다. 보응우옌잡 정신은 이때 생겨났다. 그리고 베트남 국민의 정신이 되었다.

초강대국 미국을 굴복시키다

보응우옌잡 장군은 디엔비엔푸 전투 이후 프랑스를 대신하여 베트남에 온 초강대국 미국의 군대를 물리친다. 프랑스 군대야 어떻게 해볼 여지가 있는 상대였지만 미국은 아니었다. 도저히 상대가 되지 않는 전력의 차이를 가지고 있었다. 그러나 보응우옌잡 장군은 끝내 미국을 몰아낸다. 미국 입장에서 보면 베트남 전쟁은 20세기에 경험한 첫 패배이자 유일한 패배였다.

미국은 보응우옌잡 장군을 잘못 본 것이다. 이미 디엔비
엔푸에서 알아보았어야 했다. 그러나 그들은 알아보지 못했
다. 그가 해봐야 얼마나 하겠느냐는 생각을 했다. 동양인이
라고 깔보았다.

보응우옌잡 장군은 전형적인 게릴라전으로 미국의 막강
한 전력에 대항했다. 보응우옌잡 장군이 목표로 한 것은 미
군의 물리적 힘이 아니었다. 미국의 전쟁 의지였다. 보응우
옌잡 군과 게릴라전에 대해 아무런 지식이 없었던 미군은
정글에서 치고 빠지는 베트콩에 속수무책이었다. 시간은 속
절없이 흘러갔다. 그리고 시간은 미군이 아니라 보응우옌잡
군 편이었다.

1968년 1월 30일 구정 대공세는 보응우옌잡 식 전쟁의 전
형이었다. 지금까지 정글에 숨어 있던 보응우옌잡 군대는 베
트남 전역의 주요 적군 시설을 동시 공격했다. 의외의 기습
을 당한 미군은 사이공의 미국대사관이 베트콩에게 일시 점
령당하는 수모를 겪기까지 한다. 그러나 미군의 반격은 강력
했다. 미군은 노출된 북베트남 정규군과 베트콩 3만여 명을
격멸했다. 실제로 구정 대공세 실패 이후 근 2년간 베트콩은
찾아볼 수 없었다. 보응우옌잡이 완전히 실패한 것 같았다.
하지만 전쟁은 새로운 차원으로 전개되었다. 구정 대공세의

결과 전쟁이 단순한 사상자 숫자의 게임에서 벗어났다. TV에 비춰진 전쟁의 참상은 미국 사회에 충격을 주었다. 전쟁의 정당성을 의심받기 시작했다. 미국은 전투에서 이겼지만 전쟁 목표를 상실하기 시작했다. 전술적 성공은 전략적 성공으로 이어지지 못했다. 미국은 어찌할 바를 몰랐다.

미국의 지식인들, 언론인들이 보응우옌잡의 노회한 심리전에 말려들었다. 저명한 언론인이자 CBS TV 앵커 월터 크롱카이트는 "도대체 무슨 일이 벌어지고 있나"라고 의문을 던졌다. 위대한 미국 건설을 위해 가능한 한 조기에 승리를 하려던 존슨 행정부의 전쟁 의지는 급격히 약해졌다. 국론 분열은 독감과 같이 확산되었고 순식간에 미국을 반전 분위기로 바꿔놓았다.

보응우옌잡의 전략은 달성되었다. 보응우옌잡은 미군의 전쟁 능력이 아니라 전쟁 의지를 꺾은 것이다. 구정 대공세 이후 승기를 잡은 보응우옌잡은 결국 미군을 베트남에서 쫓아낸다. 기묘한 전쟁, 절묘한 승리였다. 보응우옌잡은 100세 때 인터뷰에서 이렇게 회고했다.

구정 대공세를 군사적 측면에서만 거론하는 것은 틀렸다. 정치적이고 동시에 외교적인 공세였다. 우리는 적을 섬멸할 수 없었다. 하지만 미군의 전쟁 의지를 없앨 수 있다고 판단했다.

그게 구정 대공세의 목표이자 이유였다.

전쟁이 최고조에 달했던 1968년, 미국 진영의 병력은 미군 54만 명과 남베트남 정규군 85만 명을 포함하여 183만 명에 달했다. 반면 공산주의 북베트남 병력은 중국군을 포함해도 52만 명에 지나지 않았다. 화력은 두말할 것 없이 미국 측이 압도적인 우세를 유지했다. 북베트남은 제대로 된 전투기 한 대 없었지만 미군은 B-52 폭격기를 비롯해 수천 대의 전투기와 헬리콥터를 전장에 투입했다.

또 미군은 역사상 어떤 전쟁에서보다 많은 폭탄을 인도차이나 반도에 퍼부었다. 그 총량은 공식 집계만 무려 800만 톤에 달하는데, 제2차 세계대전에서 참전국 전체가 사용한 폭탄의 양보다 3배나 많고 히로시마에 투하한 원자탄 640개의 위력과 맞먹었다.

보응우옌잡은 베트남 전쟁 전략에 대해 이렇게 말했다.

적과 싸울 때 언제나 국민의 힘에 의지해야 한다. 게릴라 유격전과 정규전을 결합해야 한다. 모든 방법으로 적과 싸워야 한다. 손에 있는 모든 무기로 적과 싸워야 한다. 전략의 핵심은 '적극성, 주도, 활력, 창조, 전격' 다섯 가지다. 전쟁의 예술은 '소(小)로 대(大)를 이기고, 소(少)로 다(多)와 맞서 싸우고, 양질(良

質)로 다량(多量)을 이기고, 약(弱)으로 강(强)을 이긴다'는 데서
나온다. 적의 강점과 약점을 알아낸 뒤 기회를 적시에 활용해
최소의 피해로 최대의 효과를 내 결정적인 승리를 얻는 것이다.

중국과 싸워 이기다

베트남에 중국은 아버지와 같은 나라였다. 호찌민이 공산
주의 운동을 시작한 곳이 중국이고, 보응우옌잡과 호찌민의
만남도 중국에서 이루어졌다. 보응우옌잡의 게릴라 전술은
마오쩌둥의 16자 전법을 응용한 것이다. 중국 공산 정권 수
립 이후에는 물질적으로 엄청난 지원을 받았다. 베트남 전쟁
에서 중국의 아낌없는 지원이 없었더라면 보응우옌잡이라
도 어떻게 할 수 없었을 것이다. 소련이 북한 건국에 미친 영
향 정도는 아니더라도 중국의 베트남 지원은 부자지간과 같
은 차원에서 이루어졌다.

그런데 베트남이 그런 중국을 배신했다. 베트남이 캄보디
아 내전에 간섭하는 과정에서 친소 노선을 택하고, 중국과
관계를 단절한 것이다.

베트남 통일 이후 캄보디아에서도 1976년 1월 론 놀(Lon
Nol)의 친미 군사정권이 무너진다. 그 뒤를 이어 극단적 공산

주의자 폴 포트(Pol Pot)가 이끄는 크메르 루주(Khmer Rouge)
가 정권을 잡는다. 크메르 루주는 엄청난 학살을 저지르며
공포정치를 실시했고, 캄보디아에 거주하는 베트남계 주민
에게도 박해를 가해 대량의 난민이 베트남으로 흘러들어가
기에 이른다. 이에 캄보디아와 베트남의 외교 관계는 점차
험악해졌고, 국경 분쟁 끝에 1978년 1월 양국은 외교 관계를
단절했다.

국제 정치 차원에서 보면 이 전쟁의 배경에는 당시 중국
과 소련의 대립이 있었다. 소련은 베트남을 지원했고, 중국
은 캄보디아 폴 포트 정권을 후원했다. 또한 베트남은 미국
과 대립하고 있었던 데 반해, 중국은 핑퐁 외교를 통해 미국
과 밀월 관계를 형성하고 있었다. '국제 관계에서는 영원한
친구도 영원한 적도 없다'는 진리를 다시 한 번 깨닫게 하는
대목이다.

베트남은 망명 중이던 크메르 루주의 군사령관 헹 삼린
(Heng Samrin)을 지원한다는 명분을 내세워 캄보디아를 침공
했다. 1979년 1월 캄보디아 수도인 프놈펜을 점령하고 친베
트남 괴뢰 정권을 수립했다. 중국의 입장에서 보면 베트남
전쟁에서 중국의 지원을 받은 베트남 정부가 원조받은 무기
로 우방인 캄보디아 폴 포트 정권을 붕괴시킨 셈이었다. 이
것은 완전히 '은혜를 잊어버린 배신 행위'였다. 그러나 베트

남 정부로서는 캄보디아와의 국경 문제, 폴 포트 정권의 캄보디아 내의 베트남계 주민에 대한 박해, 소규모지만 반복되는 국경 침범과 도발은 간과할 수 없는 것이었다.

1978년 5월 베트남은 자국에 거주하는 중국계 주민과 화교를 대량 추방했다. 같은 해 연말에는 중국 윈난성(雲南省)과 광시성(廣西省)의 국경 지대에서 양국 간 무력 충돌이 발생하기에 이른다. 이런 일련의 사태에 격분한 덩샤오핑은 제재를 가하겠다고 경고하며, 국경 지대에 56만 명의 대군을 집결시켰다. 소련은 중국의 침략 의도를 비난하고 의용군을 파견하겠다고 위협했다. 미국의 카터 행정부는 겉으로 애써 중립을 표명했지만 내심 중국이 베트남을 혼내주기를 원하고 있었다. 드디어 중국은 은혜를 저버린 베트남을 응징하고, 캄보디아 전선에 머물던 베트남군 주력을 철수시키기 위해 베트남을 침공하기로 결정했다.

1979년 2월 17일, 중국군은 10만 명의 병력을 동원하여 베트남 북부로 침공했다. 전쟁 성격을 자위 반격(自衛反擊)의 제한 전쟁이라고 선언했다. 이때 베트남군의 주력은 캄보디아에 주둔하고 있었고, 베트남 북부에는 정규군 3개 사단과 민병대밖에 없었다. 하지만 이 민병대는 베트남 전쟁에서 미군을 이기고 베트남을 통일한 주력들이었기 때문에 실전 경험이 풍부했다. 미군과 전쟁 시 비축해둔 각종 무기와 탄약

등 물자도 풍부했다. 뿐만 아니라 지난 전쟁에서 노획한 미제 전차와 장갑차로 무장해 단순한 민병대로 얕볼 수 없는 최정예 병력이었다.

중국군은 자국산 62식 경전차를 주력으로 침공을 개시했다. 그러나 이 전차들은 베트남군의 대전차 무기에 대부분 손쉽게 격파당했다. 국경 부근은 지뢰가 촘촘히 매설되어 보병의 진격도 극히 어려웠다. 공격이 지지부진해지자 중국군은 최신식 전차를 추가로 투입했다. 게릴라전에 당하는 것을 막기 위해 철저하게 주위 산이나 정글을 130밀리미터 다연장포와 화염방사기로 태워버리고 우회 진격하는 전술을 택했다.

한편 베트남군은 중국 보병이 배후로 우회하는 것을 막기 위해 종심 깊게 진지를 구축하고, 적에게 손해를 입히면서 질서정연하게 퇴각하는 전술을 채택했다. 중국군은 고전 끝에 베트남의 주 방어선을 돌파하고, 3월 5일 국경 지역의 중심지 랑선(Lang Son)을 점령하는 데 성공했다. 그러나 베트남군의 주력은 포위되지 않고 안전하게 랑선으로부터 후퇴했다. 그날 밤 중국 중앙군사위원회는 자위 반격의 전쟁 목적이 달성되었다고 선언하고, 즉시 베트남에서 철수할 것을 결정한다.

1979년 3월 16일까지 베트남 국경 내에서 모든 중국군이 철수했다. 중국군은 "목표를 달성했다"고 주장하며 철군했다. 애당초 중국의 목적은 며칠간의 전투로 상징적인 승리를 거두고 철수하는 것이었다. 그러나 예상 외로 강력한 베트남의 저항에 많은 피해를 입었다. 이 전쟁에서 베트남은 소련으로부터 전면 지원을 받았고, 장비의 질에서도 베트남이 중국보다 한 수 위였다.

양국 분쟁은 1989년 9월 베트남의 캄보디아 철군으로 해결의 실마리를 잡았다. 이후 양국 관계는 대체로 안정되었고, 최대 현안이던 양국 간 국경선은 2,000년대 들어서 확정되었다. 베트남은 중국에 대해 침략을 사죄하라고 요구하고 있다. 하지만 중국 측은 "베트남의 캄보디아 침략이 전쟁의 원인이다"라고 주장하며 현재까지 사죄를 거부하고 있다.

보응우옌잡 정신, 베트남의 정신이 되다

보응우옌잡은 90대 초반까지 책을 읽고 일을 했다. 붉은 나폴레옹 보응우옌잡은 여전히 국민의 형이다. 베트남 국민들은 어려울 때마다 보응우옌잡 정신을 외친다. 그의 정신은 베트남의 정신이 되었다.

보응우옌잡은 클라우제비츠의 "전쟁은 다른 수단의 정

치"라는 개념을 실천했다. 그에게 전쟁은 정치적 수단이었다. 전쟁이라는 정치 수단을 통해 오늘의 베트남을 건설한 것이다. 따라서 그에게 전쟁은 국민 총력전이다. 그는 "무기도 중요하지만 사람이라는 인적 요소, 정치적 요소가 결정적 역할을 한다"라고 말했다.

참고문헌

구범진, 『청나라, 키메라의 제국』, 민음사, 2012

김종래, 『밀레니엄맨 칭기스칸』, 꿈엔들, 2005

김훈, 『칼의 노래』, 생각의나무, 2008

마쿽, 임홍빈 옮김, 『손자병법』, 돌베개, 2009

손자, 김원중 옮김, 『손자병법』, 글항아리, 2007

손자, 유동환 옮김, 『손자병법』, 홍익출판사, 2007

에드가 스노우 기록, 신복룡 역주, 『모택동 자전』, 평민사, 2006

에드가 스노우, 신홍범 옮김, 『중국의 붉은 별』, 두레, 1985

올호노드 하인작 샥달, 척트바야르·선더르에르덴·박원규 옮김, 『칭기스칸 전쟁술』, 육군본부: 육군인쇄창, 2009

유동환, 『조조병법』, 바다출판사, 1999

육전연구 팀, 이병주, 『명·청의 결전』, 일본 육전연구

이병주, 『3不 전략』, 가디언, 2011

이봉수, 『이순신이 싸운 바다』, 새로운사람들, 2004

이순신, 노승석 옮김, 『난중일기』, 민음사, 2010

이충호, 『7년 전쟁과 이순신』, 세손, 2004

전경일, 『글로벌 CEO 누르하치』, 삼성경제연구소, 2007

칼 폰 클라우제비츠, 김만수 옮김, 『전쟁론』, 갈무리, 2006

동양의 명장

펴낸날	초판 1쇄 2016년 9월 30일

지은이	박기련
펴낸이	심만수
펴낸곳	(주)살림출판사
출판등록	1989년 11월 1일 제9-210호

주소	경기도 파주시 광인사길 30
전화	031-955-1350 팩스 031-624-1356
홈페이지	http://www.sallimbooks.com
이메일	book@sallimbooks.com

ISBN	978-89-522-3507-7 04080
	978-89-522-0096-9 04080 (세트)

이 도서의 국립중앙도서관 출판시도서목록(CIP)은 서지정보유통지원시스템 홈페이지
(http://seoji.nl.go.kr)와 국가자료공동목록시스템(http://www.nl.go.kr/kolisnet)에서
이용하실 수 있습니다.(CIP제어번호: CIP2016022273)

책임편집·교정교열 성한경

085 책과 세계

강유원(철학자)

책이라는 텍스트는 본래 세계라는 맥락에서 생겨났다. 인류가 남긴 고전의 중요성은 바로 우리가 볼 수 없는 세계를 글자라는 매개를 통해서 우리에게 생생하게 전해 주는 것이다. 이 책은 역사라는 시간과 지상이라고 하는 공간 속에 나타났던 텍스트를 통해 고전에 담겨진 사회와 사상을 드러내려 한다.

056 중국의 고구려사 왜곡　　eBook

최광식(고려대 한국사학과 교수)

중국의 고구려사 왜곡의 숨은 의도와 논리, 그리고 우리의 대응 방안을 다뤘다. 저자는 동북공정이 국가 차원에서 진행되는 정치적 프로젝트임을 치밀하게 증언한다. 경제적 목적과 영토 확장의 이해관계 등이 복잡하게 얽혀 있는 동북공정의 진정한 배경에 대한 설명, 고구려의 역사적 정체성에 대한 문제, 고구려사 왜곡에 대한 우리의 대처방법 등이 소개된다.

291 프랑스 혁명　　eBook

서정복(충남대 사학과 교수)

프랑스 혁명은 시민혁명의 모델이자 근대 시민국가 탄생의 상징이지만, 그 실상을 아는 사람은 많지 않다. 프랑스 혁명이 바스티유 습격 이전에 이미 시작되었으며, 자유와 평등 그리고 공화정의 꽃을 피기 위해 너무 많은 피를 흘렸고, 혁명의 과정에서 해방과 공포가 엇갈리고 있었다는 등의 이야기를 통해 프랑스 혁명의 실상을 소개한다.

139 신용하 교수의 독도 이야기　　eBook

신용하(백범학술원 원장)

사학계의 원로이자 독도 관련 연구의 대가인 신용하 교수가 일본의 독도 영토 편입문제를 걱정하며 일반 독자가 읽기 쉽게 쓴 책. 저자는 역사적으로나 국제법상으로 실효적 점유상으로나, 어느 측면에서 보아도 독도는 명백하게 우리 땅이라고 주장하며 여러 가지 역사적인 자료를 제시한다.

144 페르시아 문화

신규섭(한국외대 연구교수)

인류 최초 문명의 뿌리에서 뻗어 나와 아랍을 넘어 중국, 인도와 파키스탄, 심지어 그리스에까지 흔적을 남긴 페르시아 문화에 대한 개론서. 이 책은 오랫동안 베일에 가려 있던 페르시아 문명을 소개하여 이슬람에 대한 편견과 오해를 바로 잡는다. 이태백이 이란 계였다는 사실, 돈황과 서역, 이란의 현대 문화 등이 서술된다.

086 유럽왕실의 탄생

김현수(단국대 역사학과 교수)

인류에게 '예술과 문명' 그리고 '근대와 국가'라는 개념을 선사한 유럽왕실. 유럽왕실의 탄생배경과 그 정체성은 무엇인가? 이 책은 게르만의 한 종족인 프랑크족과 메로빙거 왕조, 프랑스의 카페 왕조, 독일의 작센 왕조, 잉글랜드의 웨섹스 왕조 등 수많은 왕조의 출현과 쇠퇴를 통해 유럽 역사의 변천을 소개한다.

016 이슬람 문화

이희수(한양대 문화인류학과 교수)

이슬람교와 무슬림의 삶, 테러와 팔레스타인 문제 등 이슬람 문화 전반을 다룬 책. 저자는 그들의 멋과 가치관을 흥미롭게 설명하면서 한편으로 오해와 편견에 사로잡혀 있던 시각의 일대 전환을 요구한다. 이슬람교와 기독교의 관계, 무슬림의 삶과 낭만, 이슬람 원리주의와 지하드의 실상, 팔레스타인 분할 과정 등의 내용이 소개된다.

100 여행 이야기

이진홍(한국외대 강사)

이 책은 여행의 본질 위를 '길거리의 철학자'처럼 편안하게 소요한다. 먼저 여행의 역사를 더듬어 봄으로써 여행이 어떻게 인류 역사의 형성과 같이해 왔는지를 생각하고, 다음으로 여행의 사회학적·심리학적 의미를 추적함으로써 여행에 어떤 의미를 부여할 것인가에 대해 말한다. 또한 우리의 내면과 여행의 관계 정의를 시도한다.

293 문화대혁명 중국 현대사의 트라우마 `eBook`

백승욱(중앙대 사회학과 교수)

중국의 문화대혁명은 한두 줄의 정부 공식 입장을 통해 정리될 수 없는 중대한 사건이다. 20세기 중국의 모든 모순은 사실 문화대혁명 시기에 집약되어 있다고 해도 과언이 아니다. 사회주의 시기의 국가 · 당 · 대중의 모순이라는 문제의 복판에서 문화대혁명을 다시 읽을 필요가 있는 지금, 이 책은 문화대혁명에 대한 안내자가 될 것이다.

174 정치의 원형을 찾아서 `eBook`

최자영(부산외국어대학교 HK교수)

인류가 걸어온 모든 정치체제들을 매우 짧은 기간 동안 시험하고 정비한 나라, 그리스. 이 책은 과두정, 민주정, 참주정 등 고대 그리스의 정치사를 추적하고, 정치가들의 파란만장한 일화 등을 소개하고 있다. 특히 이 책의 저자는 아테네인들이 추구했던 정치방법이 오늘 우리 사회가 당면한 문제를 해결할 수 있는 지혜의 발견에 도움을 줄 수 있을 것이라고 말한다.

420 위대한 도서관 건축순례 `eBook`

최정태(부산대학교 명예교수)

이 책은 도서관의 건축을 중심으로 다룬 일종의 기행문이다. 고대 도서관에서부터 21세기에 완공된 최첨단 도서관까지, 필자는 가능한 많은 도서관을 직접 찾아보려고 애썼다. 미처 방문하지 못한 도서관에 대해서는 문헌과 그림 등 가능한 많은 정보를 수집하려 노력했다. 필자의 단상들을 함께 읽는 동안 우리 사회에서 도서관이 차지하는 의미에 대해 다시 생각하게 된다.

421 아름다운 도서관 오디세이 `eBook`

최정태(부산대학교 명예교수)

이 책은 문헌정보학과에서 자료 조직을 공부하고 평생을 도서관에 몸담았던 한 도서관 애찬가의 고백이다. 필자는 퇴임 후 지금까지 도서관을 돌아다니면서 직접 보고 배운 것이 40여 년 동안 강단과 현장에서 보고 얻은 이야기보다 훨씬 많았다고 말한다. '세계 도서관 여행 가이드'라 불러도 손색없을 만큼 풍부하고 다채로운 내용이 이 한 권에 담겼다.

eBook 표시가 되어있는 도서는 전자책으로 구매가 가능합니다.

(주)살림출판사
www.sallimbooks.com
주소 경기도 파주시 문발동 522-1 | 전화 031-955-1350 | 팩스 031-955-1355